Święta i obyczaje żydowskie

D1213206

Ninel Kameraz-Kos
Święta i obyczaje żydowskie

CYKLADY

ŻYDOWSKI INSTYTUT HISTORYCZNY

Copyright © Ninel Kameraz-Kos 1997

Wydanie pierwsze, Warszawa 1997

Projekt okładki i opracowanie graficzne
Michał Brzozowski

Redakcja
Regina Gromacka

Redakcja techniczna
Zbigniew Garwacki

Skład i łamanie
Elżbieta Gozdawa-Leonowicz

ISBN 83-86859-26-1

Wydawnictwo Cyklady
Skr. poczt. 36
04-026 Warszawa 50
tel./fax (22) 810-71-87

SPIS TREŚCI

WSTĘP

Z narodem żydowskim związana jest tajemnica – tajemnica jego przetrwania. Historia tego narodu liczy sobie cztery tysiące lat. Żydzi dwukrotnie tracili swoją historyczną oj- czyznę. Przez dwa tysiące lat byli narodem bezdomnym. Towarzyszyła im nienawiść i prześladowania. Wiek XX był świadkiem najstraszniejszych wydarzeń: w Europie, w cywili- zowanym świecie, zgładzono sześć milionów Żydów, w tym ponad trzy miliony Żydów polskich. A jednak Żydzi istnieją.

W dziejach ludzkości były wielkie narody mające wspaniałe kultury, ogromne potencjały gospodarcze i militarne: Asyryj- czycy, Babilończycy, Filistyni, Medowie, Hunowie... Dziś wiemy o nich głównie z wykopalisk. Nie ma ich, roztopiły się w pomroce dziejów. Narody nie umierają – ich śmiercią jest jednak utrata pamięci o swojej religii, kulturze, historii, zapomnienie języka i obyczajów. Niewielki naród żydowski wszystkie te ludy widział i wszystkie je przetrwał. Zachował świadomość swej tożsamości, swojej kultury, religii i tradycji.

Tajemnicą jest także wpływ tego narodu na historię duchową ludzkości. Przeszło trzy tysiące lat temu Żydzi, którzy byli wówczas niewielką społecznością, przyjęli ideę jedynego Boga, sformułowali jednoznaczny kodeks moralny, uznali życie ludz- kie za święte, ustanowili Szabat, dzień siódmy, jako dzień odpoczynku. Z ich religii narodziło się chrześcijaństwo i islam

7

– dwie religie monoteistyczne, które swym zasięgiem objęły większość naszego globu. Wiele ważnych idei czerpało pełną garścią ze starych, świętych ksiąg żydowskich znanych dziś powszechnie jako Biblia. To w judaizmie sformułowany został system prawomocnego dobra. Wiedziano, że samo istnienie ideałów moralnych nie wystarcza, by zbudować moralny świat. Trzeba stworzyć taki system prawa, ażeby człowiek czynił dobro nawet wbrew swoim złym instynktom, wbrew egoizmowi, chciwości czy żądzy władzy.

Zdumiewające jest to, że ten mały naród umiał przetrwać przez parę tysięcy lat, wierząc w istnienie jedynego Boga i jednej moralności. I w tym sensie można mówić o narodzie wybranym. Nigdy nie oznaczało to przywilejów. Historia Żydów dowodzi, że drogo zapłacili za bycie narodem wybranym. Dziś można mówić o sukcesie. Religia dawnego, małego plemienia wbrew przeciwnościom losu stała się ideą uniwersalną. Stała się podwaliną naszej cywilizacji.

Obecnie Żydzi mają swą młodziutką ojczyznę o prastarych korzeniach, która boryka się z ogromnymi problemami. Trzy czwarte Żydów nadal żyje w diasporze. A jednak wciąż są narodem, który i dziś umie zachować swoją tożsamość.

W tej książce opowiadam o świętach i obyczajach żydowskich. Są one bardzo stare i bardzo zróżnicowane. Wynika to z długiej historii tego narodu. Punktem zwrotnym w jego dziejach było zburzenie Świątyni Jerozolimskiej i utrata ojczyzny. W wyniku tej tragedii musiały się dokonać ogromne zmiany w życiu społecznym i religijnym narodu: kult świątynny został zastąpiony kultem synagogalnym, a naród stał się narodem banitów na prawie dwa tysiące lat. Ale nadal pozostał wierny Torze, swojej świętej księdze, dziś powszechnie znanej jako Biblia. Z niej Żydzi czerpali wzorce życia i wiary. W niej zostały zapisane święta i obyczaje, które nie straciły obowiązującej mocy przez tysiące lat. Poznanie ich jest niezwykle pasjonujące.

Święta żydowskie, choć w większości mają rodowód rolniczy, są świętami historycznymi, upamiętniającymi wydarzenia, w których Żydzi doznali objawienia i doświadczyli opieki Boskiej. Historia jest wszechobecna w żydowskim życiu, w jego rytuałach i obrzędach. Jej znajomość choćby najbardziej pobieżna, jest konieczna przy zaznajamianiu się z żydowskimi świętami i obyczajami. By ułatwić czytelnikowi lekturę, na końcu książki zamieszczono krótką chronologię starożytnych dziejów Izraela – okresu, kiedy święta uzyskały swoją formę zapisaną w Torze.

Żydzi od dwóch i pół tysiąca lat posługują się tym samym kalendarzem (księżycowo-słonecznym), takim, jakim posługuje się Biblia. Różni się on znacznie od powszechnie dziś używanego kalendarza gregoriańskiego (słonecznego). Dlatego kilka stron przeznaczono na zapoznanie się z tym kalendarzem.

W książce występuje wiele terminów i pojęć niezrozumiałych dla czytelników nie znających judaizmu, dlatego konieczne jest w trakcie lektury korzystanie ze słowniczka podstawowych terminów i znaczeń znajdującego się na końcu książki.

Nieco miejsca poświęcono opisowi świąt Żydów w czasach biblijnych. Daje to możliwość uzmysłowienia sobie ciągłości tradycji żydowskiej i jej starożytnego rodowodu. Spośród wielu obyczajów znanych w diasporze wybrano i opisano w niniejszej książce te, które rozpowszechnione były wśród Żydów polskich z czasów przed Zagładą, z czasów gdy „zamieszkiwał ziemie polskie lud przepojony duchowością, lud zwany «narodem świętym»" (Heszel).

TORA

Tora to księga powszechnie znana pod nazwą Biblia. Według żydowskiej tradycji jest księgą objawioną, jest znakiem Przymierza Boga z Izraelem. Została dana Mojżeszowi na górze Synaj. Zawiera przesłanie Boga do człowieka. Początkowo istniała tylko w tradycji ustnej – jako nauka i prawo. Według zapisu w Talmudzie (Pirke Awot 1, 1) Mojżesz przekazał ją swemu następcy Jozuemu, Jozue Sędziom (przywódcom pokoleń), oni Prorokom, a ci Mężom Wielkiego Zgromadzenia (Sanchedrynowi). W VII w. p.n.e. Tora została spisana. Odtąd stała się kanonem i twierdzą wiary. Jej słowa dokładnie policzono (79 841) i do dziś żadne z nich nie zostało zmienione.

Tora jest znana też jako Pięcioksiąg (po hebrajsku *Chumasz*), gdyż składa się z pięciu ksiąg napisanych w języku hebrajskim:

1. Sefer Bereszit – Księga Rodzaju – łac. Genesis
2. Sefer Szemot – Księga Wyjścia – łac. Exodus
3. Sefer Wajikra – Księga Kapłańska – łac. Leviticus
4. Sefer Bamidbar – Księga Liczb – łac. Numeri
5. Sefer Dewarim – Księga Powtórzonego Prawa – łac. Deuteronomium

Obok nazw oryginalnych podane są nazwy polskie i łacińskie. Nazwy hebrajskie wywodzą się od pierwszego słowa lub wyrażenia rozpoczynającego daną księgę.

Tora dla wyznawców religii żydowskiej stanowi Prawo, prawo które ma charakter Boski. Wszyscy wobec niego są równi. Najkrótszym i symbolicznym wyrazem tego prawa jest Dekalog.

Torą Żydzi religijni nazywają całą naukę o świecie i Bogu.

Tora jest też historią starożytnego Izraela: „geniusz Izraela przemienił relację między Bogiem a narodem w rodzaj historii świętej, co jest faktem bez precedensu. Począwszy od pewnego momentu owe «historie święte», z pozoru wyłącznie narodowe, stały się wzorcem dla całej ludzkości" (M. Eliade, *Historia wierzeń i mitów religijnych*).

Tora jest główną częścią Tanachu, czyli kanonu 24 ksiąg żydowskich. Składa się on z trzech części: Tory (prawo) obejmującej 5 ksiąg, Newiim (prorocy) – 8 ksiąg i Ketuwim (pisma) – 11 ksiąg. W 243 roku p.n.e. Tanach został przetłumaczony na język grecki. Przekład nazwano Septuagintą (grec. „siedemdziesięciu"), jako że, według legendy, dokonało go siedemdziesięciu mędrców i każdy z nich przedstawił identyczny tekst, choć pracowali w zupełnym odosobnieniu. W tamtych czasach grecki był językiem o wielkim zasięgu, dzięki czemu Tanach stał się księgą znaną prawie w całym świecie pod nazwą Biblia Hebrajska. Biblia jest słowem greckim i oznacza księgi (grec. *biblos* – księga). Na początku IV w. n.e. Hieronim ze Strydontu przetłumaczył Tanach z greckiego na łacinę (Wulgata).

I tak Tora, nazywana Pięcioksięgiem, Tanachem, Septuagintą Wulgatą, Starym Testamentem, a przede wszystkim Biblią, weszła w skład literatury światowej. Zapoczątkowane przez nią idee zyskały status prawd odwiecznych. Była inspiracją dla niezliczonej liczby utworów literackich, natchnieniem wielu dzieł sztuki. Liczne wzory frazeologiczne tej księgi zostały przyswojone przez różne języki europejskie. Światopogląd i świat wyobrażeń Wschodu i Zachodu zawdzięcza jej bardzo wiele. Żadne dzieło literackie nie miało tak ogromnego znaczenia w dziejach świata.

Egzemplarze liturgiczne Tory, zwane *sefer Tora*, przechowuje się w *aron ha-kodesz* (hebr. „święta skrzynia"), umieszczonym na wschodniej ścianie synagog i domów modlitw. Pisane są one ręcznie na pergaminie przez *soferim*, zawodowych przepisywaczy, specjalnym atramentem, gęsim piórem, zgodnie z regułami ustanowionymi przez *masoretów* (od hebr. *masora* „tradycja"). Pergaminy są zszywane i zwijane w rodały, które następnie ubiera się w bogato haftowane okrycia zwane *meil* (sukienka) i ozdabia złotymi lub srebrnymi koronami i tarczami. Korony mają dzwoneczki po to, by w momencie wyjmowania rodałów słysząc je wierni powstali z miejsc. Rodały są zaopatrzone w misterne wskazówki (hebr. *jad*) w kształcie ręki z wyciągniętym wskazującym palcem – po to, by przy odczytywaniu nie dotykać tekstu bezpośrednio ręką. Niegdyś nowy *sefer Tora* przynoszono do synagogi uroczyście pod baldachimem ślubnym ze śpiewem i tańcami.

Każdy religijny Żyd był obowiązany studiować Torę i stosować jej nauki w życiu codziennym. Wypełnianie niezmiennych nakazów nie było łatwe w ciągle zmieniających się czasach i miejscach. Ażeby umożliwić Żydom życie zgodne z Torą, uczeni i mędrcy żydowscy przez wszystkie wieki wyjaśniali, komentowali i przybliżali ją wiernym. Pierwszym wielkim komentarzem do Tory był Talmud.

Dla Żydów Tora była zawsze księgą świętą. Ponieważ przez dwa tysiące lat nie mieli własnej ojczyzny, właśnie ją nazywali swoją ojczyzną.

TALMUD

Talmud jest dziełem olbrzymim. Zawiera zbiór objaśnień i komentarzy do Tory. Tworzono go przez ponad tysiąc lat: od VI w. p.n.e. do VI w. n.e. Pracowało nad nim około czterech tysięcy mędrców i uczonych.

W Talmudzie przeplatają się dwa nurty: *halacha* – przepisy prawne i religijne, oraz *hagada* – interpretacje i objaśnienia tekstu biblijnego w formie przypowieści. Talmud został spisany w języku hebrajskim i aramejskim. Składa się z dwóch części: Miszny i Gemary. Talmud jest najbardziej reprezentatywnym dziełem judaizmu. Przede wszystkim ma charakter normatywny: reguluje życie w najdrobniejszych szczegółach i najróżniejszych jego przejawach. Naród żydowski, do dziś rozproszony po całej kuli ziemskiej, dzięki Talmudowi został, można by rzec, zunifikowany tymi samymi prawami, obyczajami i świętami. Dzieło to stanowiło zaporę przed asymilacją, pomagało zachować tożsamość narodu. Było nieustającym źródłem twórczości duchowej wielu żydowskich pokoleń. Ze względu na jego

17

rozmiary i szczegółowość rozważanych zagadnień, mówiono o nim *jam ha-Talmud*, co po hebrajsku oznacza „morze Talmudu".
Istnieją dwa Talmudy: Talmud Jerozolimski i Talmud Babiloński. Redakcję pierwszego ukończono w IV w. n.e. w Palestynie, w akademiach Cezarei, Seforis i Tyberiady. Jego objętość według wydania Bromberga (Wenecja 1520-1524 r.) wynosiła 526 kart in folio. Drugi ukończono na początku VI w. n.e w Babilonii, w akademiach Sury, Nehardei i Pumbedity. Jest on o wiele obszerniejszy od Talmudu Jerozolimskiego i w tymże wydaniu Bromberga liczy 5894 karty in folio (17 tomów). Talmud Babiloński stał się z czasem kodeksem powszechnie obowiązującym każdego religijnego Żyda.
Los Talmudu był równie dramatyczny jak los narodu żydowskiego. Przez wieki oczerniano go, prześladowano, niszczono. Pod jego adresem padały najbardziej niedorzeczne oszczerstwa, okładano go klątwami, poddawano surowej cenzurze państwowej i inkwizycyjnej, oskarżano w publicznych procesach. Wielokrotnie palono jego egzemplarze. Pomimo to Talmud przetrwał i dzieci żydowskie nadal uczą się z niego religii i tradycji.

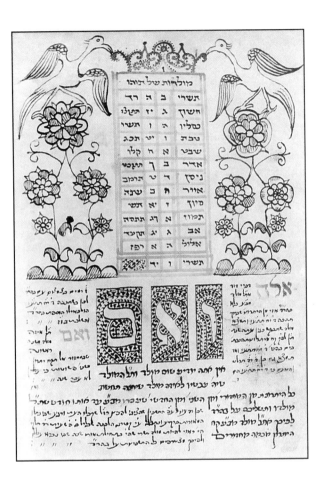

מולדות של כל דבהו			
תשרי	ב	ה	רד
חשון	ג	יז	תקי'ג
כסליו	ה	ו	תשרי
טבת	ו	יט	תכג
שבט	א	ח	קלו
אדר	ב	ך	תיגכט
ניסן	ד	ט	תרמב
אייר	ה	ב	שנה
סיון	ז	יא	חמש
תמוז	א	רג	תתסה
אב	ג	יג	תקיצד
אלול	ה	א	רפז
תשרי	ו	יד	

אלה

ואם

KALENDARZ ŻYDOWSKI

Święta żydowskie obchodzone są według kalendarza żydowskiego. Według tego kalendarza rachuba czasu zaczyna się od stworzenia świata lub, według niektórych autorytetów religijnych, od szóstego dnia stworzenia, tj. od dnia, w którym został stworzony człowiek. Obecnie jest 5757 rok (1997).

Kalendarz żydowski jest księżycowo-słoneczny, tzn. miesiące są mierzone miarą księżycową, a rok – miarą słoneczną. Miesiąc księżycowy to czas od nowiu do nowiu, przeciętnie trwa 29,5 dni. Dwanaście miesięcy księżycowych to 354 dni. Rok słoneczny liczy 365,25 dni i jest to czas obiegu Ziemi dookoła Słońca. Z rachunku wynika 11 dni różnicy pomiędzy rokiem księżycowym a słonecznym. W ciągu 19 lat (po których upływie fazy księżyca przypadają na te same dni miesiąca) różnica ta urasta do 210 dni. Stanowi to odpowiednik siedmiu trzydziestodniowych miesięcy. Dlatego Żydzi w ciągu tych 19 lat siedmiokrotnie dodają po jednym miesiącu (w 3, 6, 8, 11, 14, 17, 19 roku cyklu). Dodatkowy miesiąc nazywa się adar bet lub adar szeni. Jednocześnie, dla całkowitego wyrównania rachunku, w miesiącach cheszwan i kislew dodaje się po jednym dniu. Kalendarz żydowski uformował się w czasie niewoli babilońskiej (VI w. p.n.e.). Miesiące kalendarza żydowskiego nie pokrywają się z miesiącami kalendarza gregoriańskiego, który został wprowadzony w 1582 r. i jest obecnie używany w Polsce i wielu krajach świata.

Nowy rok żydowski rozpoczyna się jesienią w miesiącu tiszri, który jest siódmym miesiącem w żydowskim kalendarzu. Wskazuje to na istnienie jeszcze starszego kalendarza, który kiedyś był w użyciu i według którego rok rozpoczynał się wiosną w miesiącu nisan.

Nazwa miesiąca kalendarza żydowskiego	Liczba dni	Odpowiednik miesięcy w kalendarzu gregoriańskim
nisan	30	marzec – kwiecień
ijar	29	kwiecień – maj
siwan	30	maj – czerwiec
tamuz	29	czerwiec – lipiec
aw	30	lipiec – sierpień
elul	29	sierpień – wrzesień
tiszri	30	wrzesień – październik
cheszwan	29/30	październik – listopad
kislew	29/30	listopad – grudzień
tewet	29	grudzień – styczeń

szwat	30	styczeń – luty
adar alef	29	luty – marzec
adar bet	30	luty – marzec

Tydzień liczy siedem dni. Zaczyna się w niedzielę, która jest pierwszym dniem tygodnia i kończy Szabatem, który jest nie tylko dniem odpoczynku, ale też najważniejszym świętem żydowskim. Dni tygodnia nie mają nazw własnych. Określa się je kolejnymi cyframi, a dokładniej literami, ponieważ każdej literze alfabetu hebrajskiego przypisana jest wartość liczbowa. I tak:

dzień pierwszy	alef	niedziela
dzień drugi	bet	poniedziałek
dzień trzeci	gimel	wtorek
dzień czwarty	dalet	środa
dzień piąty	he	czwartek
dzień szósty	waw	piątek
dzień siódmy	Szabat	sobota

Doba według kalendarza żydowskiego zaczyna się wieczorem, wraz z pojawieniem się pierwszej gwiazdy, i trwa do zmierzchu dnia następnego. Jest to zgodne z dosłowną interpretacją Tory: „(...) i nazwał Bóg światłość dniem, a ciemność nazwał nocą. I nastał wieczór i nastał poranek – dzień pierwszy" (Rdz 1, 5). Ta kolejność: najpierw wieczór, a potem ranek, jest powtórzona sześć razy. A więc Szabat i każde inne święto żydowskie rozpoczyna się wieczorem poprzedniego dnia.

Dla religijnego Żyda ważne jest dokładne ustalenie początku doby ze względu na modły, które winien odmawiać w określonych porach dnia: modły poranne – *szacharit*, popołudniowe – *mincha* i wieczorne – *maariw*. Ale przede wszystkim ważne jest ze względu na moment rozpoczęcia

Szabatu. Albowiem według religii żydowskiej, czas powszedni musi być wyraźnie oddzielony od czasu świątecznego: sacrum od profanum.

W starożytności sprawami kalendarza i czasu zajmowali się kapłani. Współcześnie kalendarze żydowskie są drukowane i powszechnie dostępne. Podaje się w nich dane dotyczące świąt, w tym dokładne godziny i minuty rozpoczynania i kończenia Szabatu.

SZABAT

Szabat jest dla Żydów świętem najważniejszym. Jest wymieniony w Dekalogu jako czwarte przykazanie. W Księdze Wyjścia napisano: „Pamiętaj o dniu Szabatu, aby go święcić. Sześć dni będziesz pracował i wykonywał wszelką swoją pracę. Ale siódmego dnia jest Szabat Pana, Boga twego: nie będziesz wykonywał żadnej pracy ani ty, ani twój syn, ani twoja córka, ani twój sługa, ani twoje służebnice, ani twoje bydło, ani obcy przybysz, który mieszka w twoich bramach. Gdyż w sześciu dniach uczynił Pan niebo i ziemię, morze i wszystko, co w nich jest, a siódmego dnia odpoczął. Dlatego Pan pobłogosławił dzień Szabatu i poświęcił go" (Wj 20, 8-11) i dalej: „Powiedz synom izraelskim: zaiste przestrzegać będziecie Szabatów moich, gdyż to jest znakiem między mną a wami po wszystkie pokolenia wasze, abyście wiedzieli, żem ja Pan, który Was uświęcam" (Wj 31, 13).

Szabat jest świętem na cześć Boga Stworzyciela i na cześć Przymierza, które zawarł Bóg z narodem Izraela. Ma również przypominać Żydom wyzwolenie z niewoli egipskiej: „pa-

27

miętaj, że byłeś niewolnikiem w ziemi egipskiej i że Pan, twój Bóg, wyprowadził cię stamtąd ręką możną i ramieniem wyciągniętym. Dlatego rozkazał ci Pan, twój Bóg, abyś obchodził dzień Szabatu" (Pwt 5, 15). W przykazaniu o Szabacie padają niezwykłe słowa. Oto w drugim tysiącleciu przed naszą erą jest mowa o równości prawa do odpoczynku dla właściciela, niewolnika i obcego! Wielki współczesny filozof, rabin Abraham Joszua Heszel (1907-1972 r.) pisał, że: „słowa te są jak światło latarni morskiej, która przez wieki przesyła światu prawdę o najistotniejszych prawach człowieka: wolności, równości, sprawiedliwości".

Żydzi otaczali Szabat największą czcią i miłością, uważali, że jest to najcenniejszy dar, jaki otrzymali od Boga. Dla nich był dniem harmonii, wewnętrznego uspokojenia i pokoju. Nazywali Szabat Królową i Oblubienicą. Wynikało to z ich pełnego czułości i podziwu stosunku do tego święta, a z drugiej strony z mistycznej interpretacji Szabatu. W Dekalogu określenie „święty" odnosi się tylko do jednego pojęcia – Szabatu. Wyznacza to mu najwyższą pozycję w żydowskim życiu religijnym.

Co w praktyce oznacza święcenie Szabatu?

W przykazaniu o Szabacie jest powiedziane, że należy zaniechać wszelkiej pracy. Ogromna władza człowieka nad przyrodą: jej ujarzmianie, podporządkowywanie, kontrolowanie, sprawia, że człowiek zaczął myśleć o sobie jak o twórcy i panu wszystkiego. Szabat zaś powinien mu uzmysłowić, że to Bóg jest Najwyższym Stwórcą. I właśnie tę prawdę wierzący Żyd potwierdza święcąc Szabat. Powstrzymanie się od pracy tego dnia jest dla niego aktem wiary.

Co to znaczy praca? Praca nie zawsze oznacza wysiłek fizyczny. Z punktu widzenia religii żydowskiej, żeby określić, czym jest praca, należy zastanowić się nad jej celowością i sensem. Określa się ją jako działanie, które powoduje zmiany w otoczeniu, a więc działanie często utożsamiane z władzą człowieka nad przyrodą. Uczeni Talmudu poświęcili wiele miejsca na wyjaśnianie problemów związanych z pracą. W Biblii istnieją zapisy o zakazach wykonywania niektórych czynności w czasie trwania Szabatu. Są to:

– rozpalanie ognia (Księga Wyjścia 35, 2),
– uprawianie handlu (Księga Nechemiasza 10, 32),
– podróżowanie (Księga Izajasza 58, 13),
– przenoszenie ciężarów (Księga Jeremiasza 17, 21).

Ponadto w Księdze Wyjścia (31, 13) napisano, że na czas Szabatu przerwano prace przy budowie Świętego Przybytku. Na podstawie tekstów biblijnych sformułowano listę 39 prac zabronionych w Szabat, po hebrajsku zwanych *melachot*:

1. orka
2. siew
3. żniwa
4. wiązanie snopków
5. młocka
6. czyszczenie ziarna
7. selekcja ziarna
8. przesiewanie
9. mielenie
10. wyrabianie ciasta
11. wypiek
12. strzyżenie owiec
13. wybielanie skór
14. czesanie (gręplowanie) surowca
15. farbowanie
16. przędzenie
17.-19. operacje tkackie
20. rozpuszczanie przędzy
21. zawiązywanie węzłów
22. rozwiązywanie węzłów

23. szycie
24. darcie tkanin
25. myślistwo, zakładanie pułapek
26. ubój bydła
27. obdzieranie ze skóry
28. uzdatnianie skór
29. skrobanie skór
30. cechowanie i znaczenie
31. krojenie materiału
32. pisanie
33. wycieranie napisów
34. budowanie
35. burzenie
36. rozpalanie ognia
37. gaszenie ognia
38. kończące budowę uderzenie młota (zawieszanie wiechy)
39. przenoszenie ciężarów z obszaru prywatnego w miejsce publiczne i odwrotnie.

Wymienione tu prace brzmią dziś archaicznie, ale przekonamy się, że mogą one również określać nasze obecne działania.

Mędrcy żydowscy wiedzieli, że człowiek jest istotą niestałą, że ma skłonność do nieuwagi i zapominania. Aby zapobiec nieumyślnemu naruszeniu najważniejszego przykazania o Szabacie, twórcy Talmudu wznieśli „ogrodzenie wokół Tory", tzn. ustalili zbiór prac zakazanych, poszerzony o chazerot – czynności, które same w sobie nie są zakazane, ale przez swoje podobieństwo do takowych, mogą spowodować naruszenie zakazów.

Weźmy dla przykładu pracę nr 3 „żniwa". Oznacza ona każde działanie polegające na usuwaniu roślin z miejsca, gdzie wyrosły. A więc do grupy tej zaliczymy prace: ścinanie, zrywanie kwiatów, liści, gałęzi, jagód, grzybów, owoców, wyrywanie krzewów rosnących w ziemi lub doniczkach. Ta

kategoria prac została poszerzona o *chazerot*, czyli wykaz czynności, które mimowolnie mogą spowodować naruszenie zakazu. W tym wypadku są to:
– wchodzenie na drzewo: bo można złamać gałąź, a to już byłoby podobne do zrywania gałęzi, liści, a więc usuwania roślin z miejsca, gdzie rosły;
– opieranie się o drzewo – jest nawykiem, ale przez to może spaść owoc, co byłoby czynnością zakazaną, jak wyżej;
– jazda konna, bo jej skutkiem może być wyrwanie grzyba, zaczepienie o gałąź, na której rosną owoce, a to mogłoby spowodować, że spadną, co znów doprowadzi nas do czynności zakazanej, tzn. usuwania roślin z miejsca, gdzie rosły.

Inny przykład: praca nr 32 „pisanie". Dotyczy to każdego działania związanego z kreśleniem znaków, które przez jakiś czas zostają utrwalone na podłożu. Do tej kategorii prac zalicza się: pisanie, kreślenie ołówkiem, pędzlem, piórem, maszynopisanie, drukowanie. To zostaje poszerzone o *chazerot*, tzn. takie prace jak: tworzenie znaków krótkotrwałych, np. kreślenie palcem po zaparowanej szybie, rysowanie na piasku. Do tej kategorii zaliczano także kupowanie, sprzedawanie i ważenie. Nie powinno się też czytać korespondencji handlowej ani akt prawniczych. Zakazane jest oddawanie się grom hazardowym. Wszystko to dlatego, że wymienione czynności mogą wymagać podpisu, oznakowania czy zwykłego podkreślenia kreską, a to już się zalicza do kategorii prac „pisanie".

I wreszcie trzeci przykład: praca nr 36 „rozpalanie ognia". Oznacza ona każde działanie, wskutek którego powstaje ogień lub światło. Do związanych z tym prac zalicza się: krzesanie ognia, mieszanie węgli, zamykanie i otwieranie obwodów elektrycznych, zwiększanie dopływu tlenu, zapalanie ognia od ognia, regulowanie płomienia, palenie papierosów, prowadzenie auta (zapłon), korzystanie z telefonu, włączanie i wyłączanie światła lub innego urządzenia elektrycznego. W dzisiejszych czasach jest to bardzo duży zakres naszego działania i dlatego ta *melacha* jest trudna do spełniania. Prawie wszystkie wyżej wymienione prace dotyczą kontaktów człowieka z przyrodą. Ale jedna (39) jest inna, gdyż dotyczy kontaktów między ludźmi. Religijny Żyd wypełniając ją, uznaje Boga również za Pana ludzkiej społeczności, w ten sposób jakby nakłada pieczęć Boga na swoje życie społeczne. Pracę 39 określono jako: „przenoszenie ciężarów z obszaru prywatnego w miejsce publiczne i odwrotnie". Przenoszenie to także rzucanie, pchanie, wleczenie, przewożenie na kołach, płozach i każdym innym sposobem – przenoszenie w rękach, kieszeniach, na plecach itp. Wszystkie te czynności mogą być wykonywane, ale wyłącznie w domu albo w miejscu publicznym, natomiast nie mogą być wykonywane przy przekraczaniu tych stref. W Talmudzie opisano to bardzo szczegółowo. W traktacie pod tytułem „Szabat" siedem z dwudziestu czterech rozdziałów poświęcono właśnie temu zagadnieniu. By pomóc Żydom w przestrzeganiu tego zakazu, rabini ustanowili *eruw*. *Eruw* po hebrajsku oznacza „łączenie, zmieszanie". Chodzi o „powiększenie" obszaru prywatnego, by można było spełniać pewne podstawowe czynności. W obecności *minjanu* ustalano umowne granice i odmawiano odpowiednie błogosławieństwa. Można było w ten sposób „uczynić wspólnymi" kilka domów, ulicę, a nawet całe dzielnice – uznając je za jeden duży obszar prywatny. Otaczano dany obszar symbolicznym „murem". Najczęściej był to sznurek, rozciągnięty na pewnej wysokości, by mógł być dla wszystkich widoczny. Przy „murze" kładło się chleb lub macę – co miało symbolizować wspólny posiłek ludzi przebywających w tym obszarze. *Eruw* umożliwiał ludziom opiekę nad małymi dziećmi, swobodne przenoszenie rzeczy i inne niezbędne czynności życiowe.

Szabat nie polega jednak wyłącznie na przestrzeganiu zakazów. W czwartym przykazaniu powiedziane jest przecież: „siódmego dnia Pan odpoczął". Odpoczynek po hebrajsku nazywa się *menucha*. Słowo to oznacza również: ciszę, pogodę, pokój, wytchnienie. Można go także użyć w znaczeniu: szczęście, spoczynek, harmonia. *Menucha* to stan, w którym nie istnieje konflikt, walka, nie ma strachu i nieufności. Spełniając przykazania Szabatu religijny Żyd może ten stan osiągnąć. Szabat jest świętem podniosłym, ale i radosnym. Według religijnych Żydów, Szabat to przedsmak raju, przedsmak życia w bliskości Boga. Talmud mówi, że w dniu tym dana jest człowiekowi dodatkowa dusza – *neszama jetera*, która przydaje świętości należnej temu dniowi i opuszcza go wraz z zakończeniem święta. Szabat to również szczególny stan ponadczasowości. Tego dnia Żyd niczego nie musi, nie zajmuje się żadną pracą, interesami, nie trapi się żadnymi kłopotami – to czas uspokojenia i wyciszenia.

Z tego, co zostało powiedziane, obchodzenie Szabatu jest obowiązkiem trudnym do spełnienia i dlatego należy odpowiednio się do niego przygotować.

Talmud zaleca, by pieniądze przeznaczone na cały tydzień podzielić na osiem części i co najmniej dwie ósme, ale nie więcej niż połowę, przeznaczyć na Szabat. Pieniądze te powinny być zarobione przez Żyda w sposób uczciwy. Jeśli zachodzi potrzeba pożyczenia pieniędzy, osoba udzielająca pożyczki powinna zrezygnować z procentu i niczego też nie brać w zastaw. Natomiast biorący pożyczkę powinien ją zwrócić w pierwszej kolejności, jako dług honorowy. Jałmużna dawana tego dnia jest uważana za *micwa*, która liczy się stokrotnie.

Na Szabat, w miarę możności, kupowano rzeczy najlepsze i najsmaczniejsze. W przygotowaniach brali udział wszyscy domownicy, chociażby symbolicznie. Można było korzystać z pracy nie-Żyda, ale należało go odpowiednio wynagrodzić, a zapłatę uiścić przed rozpoczęciem Szabatu. Ponieważ w trakcie trwania Szabatu nie wolno było zapalać ognia, ciepłe posiłki przygotowywano w dniu poprzedzającym. Odpowiednią temperaturę potraw utrzymywano w miejscowych piecach piekarniczych, do których zanoszono potrawy z całej ulicy czy osiedla. Dziś jest to znacznie prostsze, bo korzysta się z domowych pieców z termostatem lub też termosów. Przed Szabatem ortodoksyjni Żydzi dokonywali *twila*, tzn. rytualnej kąpieli w *mykwie* – specjalnym basenie z bieżącą wodą. Wszyscy tego dnia starali się wyglądać czysto i odświętnie. Na koniec należało zadbać o stół do uroczystej kolacji. Nakrywano go najlepszym obrusem. Na nim stawiano dwie świece, wino, dwie chałki lub dwa chleby przykryte ozdobną serwetą. Wszystko miało swoje znaczenie symboliczne: dwie świece symbolizowały sacrum i profanum, dwie chałki – podwójną porcję manny, jaką Żydzi otrzymywali od Stwórcy w każdy piątek podczas swej wędrówki przez pustynię. Serweta miała przypominać rosę, która ową mannę okrywała.

Święto rozpoczynano w piątek po zachodzie słońca zapalaniem i błogosławieniem świec. Zapalano je na 20 minut przed zmierzchem. Te dwadzieścia minut miało uchronić przed nieumyślnym przeoczeniem chwili rozpoczęcia dnia świętego. Od tego momentu nie można było wykonywać już żadnej pracy. Szabatowe świece zapala kobieta i jest to jeden z najważniejszych rytuałów w liturgii żydowskiej.

Mężczyźni witali Szabat w synagodze na nabożeństwie odprawianym przed zachodem słońca, zwanym Kabalat Szabat (hebr. „przyjęcie szabatu"). Śpiewano tam psalmy, po jednym na każdy dzień powszedni (95, 96, 97, 98, 99 i 29), potem hymn „Lecha dodi" (hebr. „Idź przyjacielu"). „Lecha dodi" opisuje Szabat jako przybywającą na swój ślub narzeczoną. Wyraża także nadzieję na mesjańskie odkupienie. Przy ostatniej zwrotce wszyscy odwracali się od *aron ha-kodesz* w kierunku drzwi, aby w ten sposób zaznaczyć wkraczanie Szabatu. Na koniec dwukrotnie śpiewano Psalm 92. Wierzono, że w drodze do domu powracającym towarzyszą dwa anioły, które sprawdzają, czy wszystko jest przygotowane do Szabatu. Rodzina oczekująca w domu śpiewała owym aniołom pieśń „Szalom alejchem". Pan domu błogosławił żonę i dzieci i wszyscy zasiadali do stołu. Następował drugi ważny moment w liturgii Szabatu: *kidusz*, czyli błogosławieństwo wina. Ojciec rodziny wypowiadał: „Bądź błogosławiony Panie, Boże nasz, Królu Wszechświata, Twórco owocu winorośli". Każdy z uczestników upijał z kielicha łyk wina. Dalej następowało obmywanie rąk i odpowiednie błogosławieństwa. Następnie ojciec rodziny błogosławił chleb, a każdy brał po kawałku do zjedzenia. Potem zaczynała się wieczerza.

W Szabat nikt nie powinien być głodny. Zgodnie z tradycją należało w ciągu świątecznej doby spożyć trzy posiłki: wieczerzę szabatową w piątek, posiłek południowy w sobotę oraz posiłek wieczorny, kończący Szabat. Jadano ryby, najczęściej był to faszerowany karp, śledzie, siekaną wątróbkę z jajkiem, rosół z knedelkami lub farfelkami, kugiel, cymes i inne dania. Najbardziej charakterystyczną potrawę szabatową podawano w sobotę – czulent, gorące danie, przygotowywane w piątek. W jego skład wchodziło: mięso, ziemniaki, pęczak, fasola, cebula, kiszka lub knedel. W małych miasteczkach każda rodzina zostawiała swój czulent na noc w gminnej piekarni, gdzie potrawa „dochodziła", a w sobotnie południe starsze dzieci przynosiły ją do domu. Nawet jeśli nie odczuwało się głodu, należało zjeść kawałek chałki lub chleba, wielkości jednak nie mniejszej od kurzego jaja, aby chociaż w ten sposób uczestniczyć w posiłku.

Przy stole panowała świąteczna, radosna atmosfera. Nie mówiło się o pracy, interesach, polityce, kłopotach. Najczęściej padało pytanie: „a co dobrego wydarzyło się tobie w ubiegłym tygodniu?" Czas poświęcano rodzinie i Bogu. Czytano fragmenty Tory przeznaczone na bieżący tydzień, studiowano Talmud, w szczególności traktat Pirke Awot – Nauki Ojców. Rozmawiano o sprawach miłych i pogodnych. Śpiewano psalmy i pieśni przeznaczone na Szabat.

Święto kończono o zmroku w sobotę. W naszej szerokości geograficznej Szabat kończył się po upływie 12 minut od momentu zachodu słońca. Uroczystość pożegnania Szabatu nazywa się Hawdala – (hebr. „różnica, oddzielenie"), oddziela ona bowiem czas uświęcony od czasu powszedniego. Odmawiano wtedy błogosławieństwa nad światłem, winem i wonnymi ziołami. Zapalano hawdalowe świece – dwie cienkie, splecione świece symbolizujące świętość i powszedniość, które w Szabat stanowiły jedność. W *besaminkach* – specjalnie w tym celu wykonanych naczynkach metalowych, nierzadko srebrnych i kunsztownie zdobionych – umieszczano zioła, których zapach miał „ożywić duszę" i wydobyć ją ze smutku po odejściu *neszama jetera* – dodatkowej, szabatowej duszy. W przeciwieństwie do dwóch głównych szabatowych posiłków, trzeci, zwany *seuda szliszit*, miał charakter lekkiej przekąski składającej się z chały, śledzi i piwa. Na pożegnanie odchodzącej królowej Szabat śpiewano *zmirot*, pieśni podobne do pieśni weselnych. Zwyczajowo gaszono płomień świecy odrobiną wina wylanego na talerzyk, po czym palcem umoczonym w winie zwilżano powieki i wcierano odrobinę wina w rogi kieszeni ubrania – wszystko to miało zapewnić obfitość w nadchodzącym czasie.

Z obowiązku przestrzegania reguł Szabatu mogły zwolnić religijnego Żyda tylko szczególne okoliczności. Zakazy przestawały obowiązywać w przypadkach zagrożenia życia lub zdrowia. Uwzględniano wymogi ludzi chorych oraz tych, którzy ulegli nieszczęśliwym wypadkom. Zwolnienia dotyczyły nie tylko ludzi, ale także zwierząt, gdy ich stan wymagał natychmiastowej pomocy. Dopuszczalne było zapalanie ognia w czasie wielkich mrozów. Szczegółowo zostało rozpracowane zagadnienie opieki nad małymi dziećmi. Literatura rabiniczna opisuje wiele takich przypadków. Wszystko czyniono po to, jak powiadają mędrcy żydowscy, by móc dla Tory żyć, a nie umierać.

ROSZ HA-SZANA

Rosz ha-Szana jest świętem początku nowego roku i jednocześnie dniem Sądu Bożego, który kończy rok poprzedni. Obchodzony jest 1 i 2 dnia miesiąca tiszri (wrzesień -październik). Na jego temat napisano w Torze: „w miesiącu siódmym pierwszego dnia tegoż miesiąca będziecie mieć dzień odpoczynku, dzień pamiętny, obwołany trąbieniem, święte zgromadzenie, żadnej ciężkiej pracy wykonywać nie będziecie, a składać będziecie ofiary ogniowe dla Pana" (Kpł 23, 24-25). W Torze są użyte dwie rachuby czasu. Według jednej, rok zaczyna się od wiosennego miesiąca nisan (Wj 12, 2), według drugiej – jesienią w miesiącu tiszri (Wj 23, 13). Obchodzenie nowego roku w tiszri ustaliło się w czasach niewoli babilońskiej (VI w. p.n.e.). Według tej rachuby liczono lata szabatowe (co siedem) i lata jubileuszowe (siedem razy siedem). Za czasów biblijnych w latach szabatowych i jubileuszowych ziemia uprawna „odpoczywała". Nie zasiewano i nie zbierano plonów; umarzano długi, a niewolnikom darowano wolność. Rosz ha-Szana upamiętnia początek stworzenia świata. W modlitwie *zichronot*, którą odmawia się tego dnia, mówiono: „dzień ten jest rozpoczęciem dzieła Twojego, wspomnieniem dnia pierwszego". Od tego dnia zaczęła się rachuba czasu. Według mędrców żydowskich w momencie stworzenia zaczął płynąć czas. Rosz ha-Szana jest świętem przypadającym w nowiu. Nów w czasach starożytnych uważano za początek miesiąca i uroczyście obchodzono. Specjalny urząd przy Świątyni Jerozolimskiej, Bet din, błogosławił i poświęcał księżyc; z wież świątynnych dęto w srebrne trąby, a kapłani składali ofiary. W Rosz ha-Szana odbywało się to szczególnie uroczyście: otwierano bramy dziedzińca wewnętrznego dla wiernych, kapłani dęli w *szofary* – rogi baranie. Wszyscy mieli obowiązek wysłuchać ich dźwięków. Śpiewano *hallelot* – hymny dziękczynne, na które składały się Psalmy (113-18). Tego dnia nie można było pościć, umartwiać się, zakazane było wygłaszanie mów pogrzebowych. Był to dzień wypoczynku dla wszystkich.

W 70 r. n.e. Rzymianie zburzyli Świątynię Jerozolimską. To była straszliwa tragedia dla żydowskiego narodu. Problem, jak żyć zgodnie z nakazami Tory, kiedy już nie istniała ani Świątynia, ani ojczyzna, wydawał się nie do rozwiązania. A jednak okazało się, że naród był do tego przygotowany. Doświadczenia już wtedy bardzo długiej historii nauczyły Żydów sztuki przetrwania. Ogromną rolę odegrał przy tym również geniusz nauczycieli i przywódców narodu żydowskiego. Pierwszą instytucją żydowską, jaka powstała po roku 70, była akademia talmudyczna w Jawne, założona przez rabiego Jochanana ben Zakkaja. Postanowiono tam, że składanie ofiar przez kapłanów będzie zastąpione codziennymi modłami, a same ofiary – dobrymi uczynkami. Opracowano wiele podstawowych zasad kultu synagogalnego, który odtąd miał zastąpić kult świątynny. Ustalono zasady obliczania kalendarza żydowskiego, znane dotychczas tylko nielicznej grupie osób, i podano je do publicznej wiadomości wszystkim Żydom. W czasach diaspory w święto Rosz ha-Szana ogromne znaczenie zyskała liturgia związana z dniem Sądu Bożego. W Talmudzie jest napisane, że Sądy Boże odbywają się cztery razy w roku: w Pesach, kiedy decydują się losy zbóż, w Szawuot – losy drzew, w Sukot – losy deszczu, a w Rosz ha-Szana – losy wszystkich żywych stworzeń, w tym oczywiście ludzi. Pierwszego dnia tiszri rozpatrywane są więc przewinienia człowieka wobec Boga i winy popełnione wobec bliźnich w okresie minionego roku. Żaden człowiek nie jest wolny od grzechu i jeśli grzeszy – to czyni to z wolnego wyboru. Instynkt zła, *jecer ha-ra*, tkwi w każdym, ale nie oznacza przymusu, lecz tylko pokusę czynienia zła. Żydowskie normy religijne dzielą grzechy na popełnione wobec Boga i wobec ludzi. Pierwsze dotyczą wiary, drugie moralnego życia.

Według tradycji tego dnia odbywa się również sąd nad całym ludem Izraela. Za przewinienia jednostki odpowiada cała społeczność, bo wszyscy Izraelici wobec Boga stanowią jeden naród, naród, który Bóg sobie wybrał i z którym zawarł przymierze. Odpowiedzialność za grupę, za społeczność jest charakterystyczną cechą narodową Żydów i zawsze odgrywała istotną rolę w ich historii.

Miesiąc elul, który poprzedza Rosz ha-Szana, jest czasem danym po to, by każdy mógł dokonać rachunku sumienia. Codziennie rano tego miesiąca (oprócz sobót i wigilii święta) w synagogach rozlegały się dźwięki szofaru nawołujące pobożnych do skruchy i przygotowania się do Dnia Sądu. Od 25 dnia elul do 9 dnia tiszri codziennie rano w synagogach odmawiano *slichot* – modlitwy o przebaczenie. W te dni Żydzi błagali o odpuszczenie grzechów, prosili o chleb powszedni i długie życie. Odwiedzali groby bliskich, prosząc zmarłych o wyjednanie łaski u Boga. Starano się nawzajem wybaczać sobie urazy, regulowano długi. Wszystko czynione było po to, by „czystymi stanąć przed Sądem". Od Rosz ha–Szana roz-poczynał się cykl dni pokutnych, Jamim Noraim, który kończył się w Jom Kipur – „dniu pojednania".

W wigilię Rosz ha-Szana należało się wykąpać, ostrzyc, włożyć nowe ubranie lub chociażby jakąś jedną nową rzecz. Kobiety wkładały jasne sukienki, dziewczynki wplatały białe wstążki we włosy. W synagogach przykrywano *aron ha-kodesz* białą kotarą zwaną *parochet*, rodały ubierano w białe okrycia. Biały kolor symbolizował bowiem odnowienie, oczyszczenie, bezgrzeszność. O zmroku, wraz z pierwszą gwiazdą, pobożni Żydzi udawali się do synagog, gdzie odmawiano modlitwy pokutne. Proszono o zdrowie, o pomyślność dla siebie i swojej rodziny, o ochronę przed wszelkimi niebezpieczeństwami, mówiono słowami modlitw:

– „Oddal mór, wojnę, głód, niewolę, zniszczenie i zarazę od sprzymierzeńców Twoich";

– „Ojcze nasz, królu nasz, zgrzeszyliśmy przed Tobą";

– „Zniszcz w wielkim miłosierdziu swoim wszystkie dowody naszej winy";

– „Zwróć nas ku sobie w szczerej pokucie";

– „Wysłuchaj wołania naszego, osłoń i ulituj się nad nami";

– „Przyjmij modły nasze w miłosierdziu i łasce";

– „Otwórz bramy niebios dla modłów naszych";

– „Przebacz i odpuść nam wszystkie nasze winy";

– „Wspomnij nas na życie, Panie, Królu nasz, i zapisz nas do Księgi Życia".

Zdanie ostatniej modlitwy było wielokrotnie powtarzane. Zgodnie bowiem z tradycją, w Rosz ha-Szana wyroki Boskie były zapisywane do Księgi Życia – dla świątobliwych, a do Księgi Śmierci – dla zatwardziałych grzeszników. Natomiast dla większości Żydów wyroki zawieszane były na okres dzie-sięciu dni, do nadejścia dnia Jom Kipur. W ciągu tych dni, poprzez wyznawanie win i głęboką skruchę, Żyd mógł uzyskać przebaczenie i zostać wpisanym do Księgi Życia.

Centralnym punktem liturgii Rosz ha-Szana było dęcie w szofar – róg barana lub innego koszernego zwierzęcia. Ale nie mógł to być róg wołu czy krowy, ponieważ te zwierzęta, choć koszerne, przypominałyby największy grzech Izraela popełniony podczas wędrówki przez pustynię – grzech „złotego cielca". Szofar jest symbolem ofiary Abrahama. Jak wiadomo, Bóg odmienił swą wolę i zamiast jego syna Izaaka przyjął w ofierze baranka. Wysłuchanie dźwięków szofaru było obowiązkiem. Gdy przychodził moment dęcia w róg, w synagodze panowała wielka cisza. Dźwięki szofaru musiały być czyste i zgodne z porządkiem odczytywanym przez biegłego w Torze lektora. Słuchający wierzyli, że dźwięki te mają moc odpędzania zła. Według tradycji istnieją dwa Boskie szofary: lewy, który rozbrzmiewał na górze Synaj, i prawy, który odezwie się przed nastaniem ery mesjańskiej. Z tym drugim wiązało się powiedzenie: „obym tak doczekał szofaru Mesjasza". Przede wszystkim jednak Żydzi wierzyli, że w czasie gdy słyszeli dźwięki szofaru, Bóg przesiadał się z tronu sprawiedliwości na tron miłosierdzia i w ten sposób kara zostawała zamieniana w łaskę. Głos szofaru był więc wołaniem o miłosierdzie, błaganiem o litość i wyrozumiałość. I Żydzi wierzyli, że Bóg to wołanie słyszy.

Wychodząc z synagogi składano sobie życzenia: *le-szana towa tikkatewu* – „obyście byli zapisani na dobry rok i zatwierdzeni na dobry żywot".

Ze świętem Rosz ha–Szana związany był ciekawy obyczaj – *taszlich*. Po polsku to słowo znaczy „wyrzucisz". Żydzi szli nad staw, rzekę, morze lub studnię i tam, nad wodą, wytrząsali z kieszeni wszystkie okruchy. Był to symboliczny gest oczyszczania się z grzechów, nawiązujący do słów Księgi Micheasza (7, 19): „Ulituje się znowu nad nami, zetrze nasze nieprawości i wrzuci w głębokości morskie wszystkie nasze grzechy" lub też do słów Zoharu, księgi kabalistycznej: „wszystko, co wpada do otchłani, jest na zawsze stracone, posiada

43

takie samo działanie jak kozioł ofiarny, oczyszczający z grzechów". Po nabożeństwie wracano do domów, gdzie czekała uroczysta kolacja. Pani domu zapalała świece, pan domu odmawiał *kidusz* nad kielichem wina. Maczano chałkę w miodzie zamiast jak zwykle chleb w soli. Na stole wśród wielu smacznych dań były potrawy mające charakter symboliczny: głowa ryby lub głowa barana – bo w nazwie święta jest wyraz *rosz*, „głowa" – jabłka, które maczano w miodzie, by nadchodzący rok był pomyślny i dobry tak jak to słodkie danie, daktyle, bo ich nazwa hebrajska *tamar* oznacza „skończy się gorycz". Tego dnia nie jadano potraw gorzkich ani kwaśnych. Był to dzień wesoły i pogodny, mimo że po nim rozpoczynały się dni pokutne.

JOM KIPUR

Jom Kipur jest najpoważniejszym świętem w wymiarze duchowym. Przypada dziesiątego dnia miesiąca tiszri (wrzesień-październik). Według tradycji, tego dnia Mojżesz zszedł z góry Synaj z drugimi Tablicami Praw i oznajmił Hebrajczykom, że Bóg przebaczył im grzech kultu „złotego cielca". I właśnie dlatego w tym dniu, każdego roku, każdy Żyd z osobna i Żydzi jako naród mogą oczyścić się ze swoich grzechów i otrzymać przebaczenie. Jom Kipur oznacza po hebrajsku „dzień pojednania". Inne polskie nazwy tego święta to: Sądny Dzień, Dzień Przebaczenia, Dzień Przebłagania, Dzień Zmiłowania, Dzień Postu, Wielki Dzień lub po prostu Dzień.

W Torze o tym święcie jest napisane: „Oto dla was ustawa wieczysta: dziesiątego dnia siódmego miesiąca będziecie pościć. Nie będziecie wykonywać żadnej pracy, ani tubylec, ani przybysz, który się osiedlił wśród was. Bo tego dnia będzie dla was dokonane przebłaganie, aby oczyścić was od wszystkich grzechów. Przed Bogiem będziecie oczyszczeni" (Kpł 16, 29-30).

47

W starożytności Jom Kipur był obchodzony bardzo uroczyście. Centralną postacią ceremonii był arcykapłan. Podlegał on bardzo ścisłemu rytuałowi oczyszczenia. W tym celu na tydzień przed Jom Kipur przenosił się do specjalnego, osobnego pomieszczenia. Ostatniego dnia brał pięć kąpieli rytualnych, ubierany był w białe, lniane szaty. Ani na krok nie odstępowali go kapłani i lewici dbający o jego czystość. Było to bardzo ważne, ponieważ nieczystość utożsamiano z grzechem i nieprzyzwoitością: „obmyj mnie zupełnie z winy mojej i oczyść mnie z grzechu mojego" (Ps 51). Oczyszczenie miało więc charakter uświęcenia.

Arcykapłan rozpoczynał uroczystość wchodząc na wewnętrzny dziedziniec Świątyni, gdzie stał ołtarz, na którym składano ofiary ze zwierząt. Krew zabitych zwierząt stanowiła ofiarę przebłagania. Jedynie bowiem krwi przypisywano moc rozgrzeszenia: „gdyż życie ciała jest we krwi, a Ja dałem wam ją do użytku na ołtarzu, abyście dokonali nią przebłagania za dusze wasze, gdyż to krew dokonuje przebłagania za życie" (Kpł 17, 11). Przyprowadzano jednorocznego byczka. Nad jego głową arcykapłan spowiadał się z grzechów własnych i grzechów kapłanów urzędujących w Świątyni.

Następnie przyprowadzano dwa kozły. Arcykapłan rzucał losy: „dla Pana" i „dla Azazela"[1]. Ten kozioł, na którego padł los „dla Pana", był składany w ofierze za naród.

Potem arcykapłan brał z ołtarza ofiarnego kadzielnicę pełną gorących węgli i wchodził w najświętsze miejsce Świątyni – *kodesz ha-kodeszim*, czyli „święte świętych". Było to pomieszczenie, wybudowane na skale Szetija, na której w okresie Pierwszej Świątyni Jerozolimskiej, zwanej Świątynią Salomona, stała Arka Przymierza, w której znajdowały się Tablice Praw. Według tradycji na tej skale Abraham miał złożyć

---

[1] Nazwa miejsca przeznaczenia kozła ofiarnego lub nazwa kozła ofiarnego. Mogło to być również imię demona.

w ofierze swojego syna Izaaka. Do *kodesz ha-kodeszim* nie mógł wchodzić żaden śmiertelnik z wyjątkiem arcykapłana, i to tylko w dniu Jom Kipur. Będąc w środku arcykapłan kładł żarzące się węgle i sypał na nie kadzidło. Cały Przybytek ogarniał gęsty dym, który miał zasłonić go przed oczami wiernych. W tym czasie arcykapłan skrapiał krwią ofiarną całe wnętrze. Następnie wychodził i poświęcał nią zasłony, ołtarze i święte sprzęty świątynne, takie jak ogromne, złote świeczniki siedmioramienne (menory) oraz stoły na chleby pokładne, również ze złota, na których w każdą sobotę składano w ofierze dwanaście bochenków chleba.

Po dokonaniu rytuału poświęcenia przyprowadzano drugiego kozła, tego, na którego padł los „dla Azazela". Arcykapłan unosił dłonie nad głową zwierzęcia i wygłaszał modlitwę, w której wyznawał grzechy narodu Izraela. Było to symboliczne przeniesienie grzechów na zwierzę ofiarne. Następnie wyznaczony człowiek wyprowadzał kozła ze Świątyni, poza mury miasta, na pustynię. Było to równoznaczne z odpuszczeniem win całemu narodowi.

Potem odczytywano odpowiednie fragmenty Tory oraz błogosławieństwa. W trakcie recytowania błogosławieństw arcykapłan wypowiadał na głos Imię Boga, święty tetragram, JHWH. Imienia tego wymawiać nie wolno. Czytając Torę, tam gdzie występuje tetragram, czyta się Adonaj, co oznacza „Pan mój". W mowie używa się rozlicznych imion Boga, ale najczęściej *ha-szem* – „Imię". Jom Kipur był świętem pełnym powagi. Wszystkich obowiązywał ścisły post, jedyny dzień postu, o którym mówi Tora. Nie wolno było wówczas wykonywać żadnej pracy, obowiązywał zakaz noszenia skórzanego obuwia. Nie wolno się było strzyc ani golić. Zabronione były stosunki małżeńskie. Był to dzień poświęcony na oczekiwanie miłosierdzia Bożego.

Po zburzeniu Świątyni Jerozolimskiej, ofiary składane przez kapłanów zastąpiono modlitwami. Wyznanie grzechów arcykapłana zastąpiono długim aktem skruchy, wypowiadanym przez każdego Żyda uczestniczącego w zbiorowych modłach. Wyznanie win całego ludu Izraela, należące niegdyś do obowiązków arcykapłana, zastąpiono modłami o zbiorowe przebaczenie.

Jom Kipur jest ściśle związany ze świętem Rosz ha-Szana, w czasie którego, według żydowskiej tradycji, odbywa się Dzień Sądu nad wszystkimi żywymi stworzeniami. Dziesięć dni dzielących te święta – Jamim Noraim, ,,straszne dni" – to czas pokuty i oczekiwania na Boże przebaczenie. Jest to czas rachunku sumienia, wybaczania wzajemnych krzywd, zniewag i grzechów popełnionych w ciągu minionego roku. W synagogach odmawiano w te dni modlitwy pokutne. Odwiedzano cmentarze, prosząc swoich zmarłych o wstawiennictwo. Rozdawano jałmużnę – która miała również zjednywać Bożą przychylność. Liczyły się nie tylko ofiary i modlitwy, ważne były także uczynki – *gemilut chasidim*, takie jak odwiedzanie chorych i samotnych, pomaganie ludziom potrzebującym pomocy.

Dla pobożnych Żydów tych dziesięć ,,strasznych dni" było czasem pokuty i oczekiwania na Boże przebaczenie. Pokuta i skrucha po hebrajsku nazywa się *teszuwa*, dosłownie: ,,nawrócenie". Według żydowskich norm religijnych *teszuwa* składa się z dwóch etapów. Pierwszy to wyznanie winy, czyli uświadomienie sobie grzechów, które się popełniło. Drugi to wyrażenie żalu, co jest związane z oceną moralną swojego postępowania. O wybaczenie grzechów popełnionych wobec Boga wierny prosi bezpośrednio Boga. Natomiast za grzechy popełnione wobec bliźnich musi prosić o wybaczenie ludzi, wobec których zawinił. Gdy pokrzywdzony przebaczy, Bóg także wybaczy. Talmud przestrzega przed zbytnią zapamiętałością w swych urazach, mówi, że jeśli ktoś mimo trzykrotnej próby pojednania nie wybaczył – to grzeszy. Minione zasługi nie zwalniają od moralnej odpowiedzialności. Dobre uczynki przodków, chwalebne czyny przeszłości nie zbawią nikogo. Ale też człowiek nie odpowiada za grzechy swoich przodków. Każdy sam musi szukać najwłaściwszej drogi życia. Najistotniejsze jest, by człowiek zdał sobie sprawę, jak żyje, i jeśli grzeszy, żeby umiał wstąpić na drogę poprawy. Mędrcy żydowscy powiadają, że „Bóg nie życzy sobie śmierci grzesznika, a tylko jego nawrócenia".

Jom Kipur z czasem stał się najważniejszym dniem w żydowskim roku religijnym, dniem, w którym wszyscy Żydzi starają się być w synagodze.

W wigilię święta, zgodnie z tradycją, każdy powinien był zjeść suty posiłek, ważny ze względu na czekający wszystkich całodobowy post. Żydów ortodoksyjnych obowiązywała kąpiel rytualna w *mykwie*. Ostatnią czynnością, jaka poprzedzała Jom Kipur, było zapalanie świec. W domu zapalano je za dusze żyjących, w synagodze – za dusze zmarłych rodziców i najbliższej rodziny.

Liturgia w synagodze rozpoczynała się od wyjęcia rodałów z *aron ha-kodesz*. *Aron ha-kodesz* w tym dniu był przysłonięty białą zasłoną, zwaną *parochet*, rodały znajdowały się w białych pokrowcach. Biel miała przypominać białe szaty, w które niegdyś ubierano arcykapłana w Jom Kipur, a także – co już wyżej zostało powiedziane – czystość duchową. Również mężczyźni biorący udział w nabożeństwie zakładali białe kitle. '

Kantor w asyście dwóch najbardziej godnych członków gminy stawał na bimie i wygłaszał formułkę, w której prosił Boga oraz zgromadzonych o pozwolenie na odprawienie modłów. Potem uroczyście, pośród wielkiej ciszy, śpiewał trzykrotnie *Kol-nidre* („wszystkie nasze ślubowania"). Jest to modlitwa unieważniająca śluby złożone nieświadomie, zbyt pochopnie lub pod przymusem. Odnosi się to tylko do zobowiązań wobec Boga, a nie wobec instytucji czy innych ludzi. Wszelkie pomówienia Żydów o usankcjonowane religią niedotrzymywanie przysiąg wynika z nieznajomości ich obyczajów. *Kol nidre* napisano w języku aramejskim. Nie wiadomo, kiedy powstała ta modlitwa, wiadomo tylko, że znana już była powszechnie w czasach *gaonów*[2] (VI-XI w.). Pobożni Żydzi wierzyli, że w czasie tej modlitwy jednoczą się ze wszystkimi swymi zmarłymi. Po *Kol nidre* odmawiano modlitwę *Aszamnu* (hebr. „zgrzeszyliśmy"): publiczne wyznanie grzechów, na podobieństwo tego, co czynił arcykapłan w Świątyni Jerozolimskiej. Jest to spowiedź całego narodu, podczas której wymienia się rozmaite grzechy w porządku alfabetycznym: „wielce zawiniliśmy: zdradzaliśmy, krzywdziliśmy przemocą, pobudzaliśmy do złego, potępialiśmy bezzasadnie niewinnego, byliśmy hardzi, dopuszczaliśmy się gwałtu, zmyślaliśmy kłamstwa, dawaliśmy złe rady, obracaliśmy na pośmiewisko rzeczy godne poszanowania..." Modlitwę odmawiano po cichu, bijąc się w piersi. Kolejną modlitwą było *Al chet* (hebr. „z powodu grzechu"), która jest spowiedzią każdego Żyda z osobna, z win wobec bliźnich, rodziny oraz społeczności: „z powodu grzechu zatwardziałości serca, krzywdzenia bliźniego, lekceważenia rodziców i nauczycieli, złego popędu serca, kłamstwa, zwodzenia, sprzedajności, szyderstwa, oszczerstwa, bezczelności, fałszywego sądu, zawiści, potwarzy, krzywoprzysięstwa..." Na liturgię tego dnia składały się też hymny wyrażające ludzką niedoskonałość i bezmiar Boskiego miłosierdzia. Odmawiano także modlitwę za zmarłych – *Izkor* (hebr. „pamiętaj").

Następnego dnia nabożeństwo odbywało się przez cały dzień – od rana do zmroku. Pośród wielu modlitw odczytywany był opis służby arcykapłana w Jom Kipur według Talmudu (Joma 36, 56). Gdy padały słowa o tym, że arcykapłan wymawia Imię

---

[2] Hebr. „znakomitość", „eminencja" – tytuł przysługujący przewodniczącym akademii babilońskich od VI do XI w. n.e.

Boże, święty tetragram, wszyscy obecni w synagodze mężczyźni schylali się głęboko w przyklęku, jak dawniej mówiono, „padali na twarz". Żydzi modlą się zawsze stojąc, siedząc lub idąc – nigdy nie klękali, oprócz tego jednego momentu. W czasie nabożeństwa odczytywano też *pijut*, poemat liturgiczny, opowiadający o męczeńskiej śmierci wielkiego mędrca, rabiego Akiby (II w.) oraz jego uczniów. Odczytywano także Księgę Jonasza, gdzie jest mowa o tych, którzy po okazaniu skruchy naprawili swoje błędy i dostąpili łaski przebaczenia. Nabożeństwo kończyło się modlitwą *Neila* (hebr. „zamykanie wrót"). Ongiś odmawiano ją krótko przed zamknięciem bram świątynnych. Pobożni Żydzi wierzyli, że jest to ostatni moment na odprawienie pokuty i skierowanie próśb do Boga o szczęśliwy rok. Mówili słowami modlitwy: „Ojcze nasz, Królu nasz, zapisz nas do Księgi Życia, przebacz i odpuść nam". Po tych słowach rozlegał się długi dźwięk szofaru, zgromadzonych ogarniał nabożny lęk, wszyscy głośno wołali: „otwórz nam, Panie, bramę łaski". Wierzyli, że w tej oto chwili Bóg przesiadał się z tronu Prawa na tron Miłosierdzia, co oznaczało, że im wybaczał.

Wraz z ukazaniem się pierwszej gwiazdy kończył się Jom Kipur. Bezpośrednia spowiedź przed Bogiem sprawiała, że Żydzi czuli się oczyszczeni, czuli się tak, jakby spłacili wszystkie długi. W nowy rok mogli wejść bez poczucia winy.

Należy tu wspomnieć o ceremonii zwanej *kaparot*, niegdyś praktykowanej powszechnie w Europie wschodniej. Jest ona echem ceremonii z czasów świątynnych – przekazywania swoich grzechów na zwierzę ofiarne, jak to czynił arcykapłan z „kozłem ofiarnym dla Azazela". Obrzęd polegał na tym, że mężczyzna brał białego koguta (lub kobieta białą kurę) i kręcił nim trzykrotnie nad głową mówiąc: „To jest mój zastępca, mój zamiennik, to jest moja pokuta. Ten kogut pójdzie na śmierć, a ja dostąpię długiego życia w pokoju". Potem ptaka zabijano i przekazywano biednym albo też pozostawiano na wieczerzę po Jom Kipur, a równowartość pieniężną oddawano ubogim.

PESACH

Święto Pesach przypada w dniach 14-21 miesiąca nisan (marzec-kwiecień). Upamiętnia ono najbardziej znamienne i najbardziej tajemnicze wydarzenie w historii ludu Izraela: wyjście Żydów z Egiptu w XIII w. p.n.e. Przeszło czterysta lat Żydzi mieszkali w egipskiej prowincji Goszen. Cieszyli się swobodą, zachowali własny język, tradycję, religię. Za panowania faraona Ramzesa XII, który podjął budowę potężnych miast warownych Ramzes i Piton, los Żydów uległ zmianie. Faraon potrzebował ogromnych rzesz robotników. Odebrał Żydom wolność, zmienił ich w niewolników. Zapędził do pracy w strasznych warunkach. Około 1280 r. p.n.e. Żydzi, pod dowództwem swego natchnionego przywódcy Mojżesza, podjęli ucieczkę z kraju niewoli. Zanim jednak do tego doszło, w Egipcie działy się rzeczy niezwykłe, zjawiska świadczące o szczególnej opiece Boskiej nad Żydami. Faraon wiele razy obiecywał temu narodowi wolność, ale za każdym razem odwoływał swe obietnice. Biblia mówi o dziesięciu plagach, jakie spadły na kraj faraona. Ostatnią i najstraszniejszą była

55

śmierć wszystkich pierworodnych. Plaga ta nie dotknęła jedynie Żydów, gdyż Bóg, ustami Mojżesza, ostrzegł ich i zgodnie z Boskim poleceniem pomazali oni krwią jednorocznego baranka odrzwia i progi swych domostw. Anioł Śmierci wędrując przez ziemie faraona omijał naznaczone domy. W języku hebrajskim *pesach* znaczy „omijać". W noc poprzedzającą ucieczkę, po zjedzeniu posiłku z owego baranka przyprawionego gorzkimi ziołami i zabraniu przaśnych placków, Żydzi pospiesznie wyruszyli w drogę. W pogoń za nimi ruszyła potężna, dobrze uzbrojona armia egipska. I znów, dzięki Boskiej Opatrzności, Żydom udało się przejść Morze Czerwone, a armia prześladowców została zatopiona. O tym wszystkim opowiada Biblia.

Pesach upamiętnia te niezwykłe wydarzenia. Jednocześnie jest kontynuacją starszego święta rolniczego. W miesiącu nisan w Kanaanie rozpoczynał się zbiór jęczmienia. Lud Izraela, gdy żył we własnym kraju, pielgrzymował co roku do Świątyni i tam w ofierze składał pierwsze snopy jęczmienia, prosząc Boga o pomyślność zbiorów. Pesach rozpoczynał cykl świąt pielgrzymich, zwanych *szalosz regalim*: Pesach, Szawuot, Sukot. We wszystkie te święta pielgrzymowano do Jerozolimy, by w Świątyni złożyć w ofierze płody ziemi.

O święcie Pesach w Torze jest napisane: „W miesiącu pierwszym, czternastego dnia tegoż miesiąca o zmierzchu jest Pascha Pana, a piętnastego dnia tegoż miesiąca jest Święto Przaśników dla Pana – przez siedem dni będziecie jedli tylko przaśne chleby. Pierwszego dnia będzie dla was ogłoszone święte zgromadzenie; żadnej ciężkiej pracy wykonywać nie będziecie, lecz będziecie składać Panu ofiary ogniowe przez siedem dni. Siódmego dnia będzie święte zgromadzenie, nie będziecie wykonywać żadnej pracy (...) Gdy wejdziecie do ziemi, którą ja wam dam, i będziecie zbierać żniwo, to snop z pierwocin waszego żniwa przyniesiecie do kapłana, a on dokona obrzędu potrząsania tym snopem przed Panem, aby zyskać dla was upodobanie. Nazajutrz po Szabacie kapłan dokona nim obrzędu potrząsania. W dniu obrzędu potrząsania tym snopem złożycie roczne jagnię bez skazy na ofiarę całopalną dla Pana (...) Chleba zaś ani prażonego lub świeżego ziarna zboża jeść nie będziecie aż do tego dnia (Kpł 23, 5-8). W czasach starożytnych święto Pesach miało bardzo uroczysty charakter. Mieszkańcy Jerozolimy radośnie witali przybywających pielgrzymów. Kapłani na wieżach Świątyni dęli w srebrne trąby, lewici śpiewali pieśni pochwalne *hallelot*. Gdy pątnicy wstępowali na wewnętrzny dziedziniec Świątyni, lewici śpiewali *szir ha-maalot*, hymny zwane też *kama ha-maalot* – od pierwszych słów „ileż to dobrodziejstw Bóg wyświadczył swemu ludowi". Takich hymnów było piętnaście: tyle, ile stopni prowadziło do ołtarza. Po odśpiewaniu każdego pątnicy odpowiadali: *dajenu*, co znaczy „już by i tego starczyło".

Najważniejszą częścią liturgii pierwszego dnia święta Pesach było składanie ofiar. Król i wielmoże darowywali na ten cel ogromne ilości trzody. Pielgrzymi organizowali się w grupy liczące nie mniej niż dziesięć osób. Na każdą z nich przypadało jedno zwierzę ofiarne. Ze względu na wielką liczbę zwierząt pielgrzymi pomagali lewitom w uboju rytualnym. Każdy mężczyzna, który do tego przystępował, musiał dokonać kąpieli rytualnej. Krew zwierząt oddawano kapłanom na ofiarę, mięso zaś po upieczeniu zjadano, nie zapominając o gorzkich ziołach. Starano się z tym wszystkim zdążyć przed północą, tak jak to było podczas wyjścia Żydów z Egiptu.

Początkowo obrzędy pesachowe ograniczały się do ofiary baranka i trwały jeden dzień. Pozostałe dni nazywały się *chag ha-macot*, „święto macy". Maca miała przypominać Żydom o ucieczce z Egiptu, kiedy nie mieli oni czasu na wypieczenie chleba. Nakaz spożywania macy przez siedem dni, a także oczyszczenia domu z wszelkiego zakwasu był zawsze ściśle przestrzegany. Macę nazywano chlebem wolności lub chlebem ubogich.

W czasach nowożytnych Pesach stał się świętem rodzinnym, celebrowanym w domu.

Zgodnie z nakazami Tory w Pesach nie tylko nie można było jeść nic zakwaszonego, ale nie wolno też było przechowywać takich produktów w domu. By pozbyć się kwaszonego, na dzień lub dwa przed Pesach przeszukiwano dokładnie cały dom: wszystkie kąty, nawet szpary w podłodze, nawet kieszenie ubrań. Zboże i chleby symbolicznie „sprzedawano" nie-Żydom, ponieważ zboża pod wpływem wilgoci, wody czy innych płynów, mogły dać początek fermentacji – stając się, w ten sposób *chamec* – „kwaszonym". „Sprzedawanie" powierzano najczęściej wykwalifikowanym rabinom, jako pełnomocnikom, aby przeprowadzili ten proces zgodnie z przepisami. Z domu usuwano też piwo, whisky i wszelkie marynaty. W przeddzień święta, wieczorem, ojciec z dziećmi szukali okruchów chleba przy świetle świecy, a następnego dnia je palili. Była to zwykle okazja do wspólnej zabawy.

Wypiek macy rozpoczynano trzydzieści dni przed Pesach. Macą nazywa się placki z niekwaszonego ciasta, tj. mąki i wody, bez drożdży i żadnych dodatków. Ciasto rozwałkowuje się cienko i piecze jak podpłomyki. Do wypieku macy przygotowywano się bardzo starannie. Po selekcji zboża tak, by nie było ziaren wilgotnych i wyrośniętych, mielono je w specjalnie oczyszczonych młynach. Mąkę dokładnie przesiewano. Dbano, by woda na macę była czysta. Pobożny Żyd dostarczał ją w specjalnym wiadrze, dzień wcześniej, aby się odstała. Ciasto zagniatano w miedzianych naczyniach, wodę cedzono, piec „koszerowano" (oczyszczano). Podczas wyrabiania macy obowiązywało częste mycie rąk. Ciasto na macę należało przygotowywać nie dłużej niż 18 minut, aby nie doszło do żadnej fermentacji. Wszystkiego dokładnie przestrzegano, aby otrzymać *macot szemira*, czyli „macę strzeżoną"– taką, nad którą będzie można odmówić błogosławieństwo.

Dzień przed Pesach pierworodnych synów obowiązywał

post *taanit bechorim*. Pościli oni, by uczcić śmierć pierworodnych Egipcjan, którzy zmarli w wyniku plagi, jaka spadła na Egipt.

Najważniejszą częścią święta Pesach była wieczerza spożywana pierwszego dnia – *seder*, co po hebrajsku znaczy „porządek". W ściśle przestrzeganym porządku na stole powinny się były znaleźć określone potrawy, a liturgia całego wieczoru sprawowana miała być zgodnie z *hagada szel pesach*. Stół sederowy nakrywano najlepszym obrusem. Często używano specjalnej zastawy, talerzy i sztućców przeznaczonych tylko na to święto. Prowadzący wieczór, głowa rodziny, ubierał się w biały kitel, na jego krześle kładło się poduszkę, by mógł jeść polegując, tak jak to niegdyś czynili rzymscy panowie, ludzie wolni. Miało to przypominać Żydom, że niegdyś byli niewolnikami w Egipcie, ale stali się ludźmi wolnymi i że święto Pesach jest świętem wolności.

Na stole kładzie się:
– trzy mace przykryte ozdobną serwetką, symbolizujące dawną strukturę społeczności żydowskiej: górna maca to kapłani, środkowa – lewici, dolna – lud;
– *zeroa*: barani udziec pieczony, często zastępowany kawałkiem mięsa z kością, np. skrzydełko kurze; ma to przypominać ofiary paschalne składane w Świątyni Jerozolimskiej;
– *maror i karpas*: gorzkie zioła – zwykle jest to tarty chrzan i nać zielonej pietruszki; maczane w słonej wodzie mają przypominać gorzkie życie Żydów w niewoli egipskiej. To także smak łez, którymi Żydzi opłakiwali swój los;
– *bejca*: jajko pieczone, posypane popiołem. Symbolizuje ono zbiorowy los narodu; jest też symbolem płodności i siły przetrwania – na przekór dekretom faraona i czynom wszystkich tych, którzy chcieli zniszczyć naród żydowski; przypomina także o ofiarach niegdyś składanych w Świątyni;
– *charoset*: surówka z tartych jabłek, kruszonych migdałów, orzechów i wina; wyglądem powinna przypominać glinę wy-

mieszaną ze słomą, z której niegdyś żydowscy niewolnicy wyrabiali cegły przy budowie twierdz Pitom i Ramzes;
– na środku stołu stał duży kielich przeznaczony dla proroka Eliasza. Prorok Eliasz jest uważany za ducha opiekuńczego narodu izraelskiego, zwiastuna nadziei i tego, który poprzedzi przyjście Mesjasza;
– przy każdym nakryciu ustawiano kieliszek, aby każdy biesiadnik mógł spełnić cztery toasty – *arba kosot*, na pamiątkę czterech zapowiedzi, które usłyszał Mojżesz z krzewu gorejącego:

we-hoceti – i wywiodę,
we-hicalti – i wybawię,
we-gaalti – i uwolnię,
we-lakachti – i przyjmę (was),

co oznaczało: ,,pomogę wam zrzucić jarzmo faraona, pomogę zorganizować wasze wyjście z Egiptu, uwolnię was od wyzysku i przemocy i poddam was Boskiej władzy". Pito czerwone wino, by przypominało krew pesachowego baranka, którą Izraelici pomazali swoje odrzwia w Egipcie (Wj 12, 7).

Na stole leżały też egzemplarze Hagady – książki, zawierającej opowieść o wyjściu Żydów z Egiptu, oraz błogosławieństwa, modlitwy, psalmy, opowiastki alegoryczne, zagadki. Hagada na Pesach była zazwyczaj bardzo pięknie ilustrowana.

Ceremoniał uczty sederowej prowadzony był przez głowę rodziny. Zaczynał się od *kiduszu*, tj. poświęcenia wina i wypicia pierwszego z czterech toastów. Potem wszyscy biesiadnicy obmywali ręce. Następnie prowadzący błogosławił *karpas*, każdy z uczestników moczył go w słonej wodzie i zjadał. Ze środkowej macy prowadzący odłamywał więcej niż połowę, tzw. *afikoman* (grec. ,,po uczcie''), i chował tak, aby pod koniec wieczoru dzieci mogły go odnaleźć i w nagrodę otrzymać drobne prezenty. Następnie błogosławił macę i rozpoczynał czytanie Hagady: ,,Oto chleb nędzy, który spożywali praojcowie nasi w kraju Micraim. Kto głodny, niech wejdzie i spożywa z nami. W tym roku tu, w przyszłym w odbudowanej Świątyni". Po tym zdaniu wypijano drugi kielich wina.

Następnie najmłodszy chłopiec zadawał cztery pytania: *ma nisztana ha lajla*, czyli „czym ta noc różni się od innych nocy?"
– Dlaczego tej nocy jemy gorzkie zioła?
– Dlaczego tej nocy gorzkie zioła maczamy w słonej wodzie?
– Dlaczego tej nocy jemy macę?
– Dlaczego tej nocy jemy polegując?
Odpowiadał na nie ojciec lub ktoś ze starszych. I płynęła opowieść o niezwykłych, dawnych czasach. Cztery razy jest powtórzony w Torze nakaz: „w dniu tym będziesz opowiadał synowi swemu: dzieje się tak ze względu na to, co uczynił Pan dla mnie w czasie wyjścia z Egiptu". Przez pokolenia, co roku ojciec odpowiadał synowi, a wszyscy uczestnicy sederu uważnie słuchali. Talmud nakazuje opowiadać tak, jakby samemu brało się udział w tej niezwykłej historii. Podczas czytania Hagady, przy wspominaniu kolejnych plag egipskich, każdy z uczestników palcem strącał kroplę wina ze swojego kieliszka tyle razy, ile było plag.

Po drugim obmywaniu rąk prowadzący błogosławił macę, którą następnie zjadano wraz z *maror* (tartym chrzanem). *Maror* umieszczano pomiędzy dwoma kawałkami macy i mówiono: „na pamiątkę Świątyni, według Hillela", tzn. tak czynił Hillel (mędrzec z I w. p.n.e.), owijał mięso ofiary pesachowej, czyli baraninę, przaśnikami (macą) i dodawał nieco gorzkich ziół.

Po spożyciu macy z chrzanem przychodziła pora na ucztę, nazywaną *szulchan aruch*, „nakryty stół". Jedzenie było smaczne i obfite. Zaczynało się od jajek gotowanych na twardo, maczanych w słonej wodzie. Potem na stole pojawiała się: wątróbka z cebulką, różne rodzaje śledzi, ryby faszerowane, rosół z knedelkami macowymi, wiele dań z mięsem, kompoty, kugiel, cymes, słodycze i owoce. W żadnej potrawie jednak nie mogło być mąki, z wyjątkiem mąki macowej.

Uczta kończyła się przed północą. Po jedzeniu dzieci szukały *afikoman*. Znalazcę (i nie tylko) obdarowywano cukierkami lub innymi prezentami. Tymczasem wypijano trzeci kielich wina, odmawiano modlitwy dziękczynne, śpiewano hymny pochwalne *hallelot*, ale w krótszej postaci, ze względu na pamięć zatonięcia armii egipskiej podczas przekraczania Morza Czerwonego. Przy czwartym toaście unoszono kieliszki i trzykrotnie powtarzano: *ba-szana ha-baa bi-Jeruszalajim*, co znaczy „w przyszłym roku w Jerozolimie". Formuła ta wyraża wiarę w nadejście Mesjasza. Około północy śpiewano psalm 136, zwany *hallel gadol*, poświęcony oczekiwaniu na przyjście proroka Eliasza. Ktoś z obecnych otwierał drzwi mówiąc: *baruch ha-ba*, czyli „witaj przybywający". Według legendy, w Pesach prorok Eliasz odwiedzał wszystkie żydowskie domy i w każdym z nich wypijał kropelkę wina ze swojego kielicha. Tego momentu niecierpliwie oczekiwały dzieci i bardzo uważnie patrzyły na kielich Eliasza, by zobaczyć, czy wina nie ubyło.

Ostatnia część wieczoru była wesoła i w całości należała do dzieci. Opowiadano zagadki, wyliczanki i grano w różne gry.

Najbardziej znaną wyliczanką była *echad mi jodea*, czyli „kto wie, co to jest jeden?":

Kto wie, co to jest jeden? – ja wiem, co to jest jeden: jeden jest Bóg na niebie i ziemi.

Kto wie, co to jest dwa? – ja wiem, co to jest dwa: dwie Tablice Przymierza, jeden Bóg na niebie i ziemi;

Kto wie, co to jest trzy? – ja wiem, co to jest trzy: trzech jest praojców: Abraham, Izaak i Jakub, dwie Tablice Przymierza, jeden Bóg na niebie i ziemi.

I tak do trzynastu:

Kto wie, co to jest trzynaście? – ja wiem, co to jest trzynaście: trzynaście atrybutów Boga, dwanaście plemion Izraela, jedenaście gwiazd przyśniło się Józefowi, dziesięcioro przykazań, dziewięć miesięcy ciąży, ósmego dnia obrzezanie, siedem dni tygodnia, sześć ksiąg Miszny, pięć ksiąg Tory, cztery pramatki: Sara, Rebeka, Lea, Rachela, trzech praojców: Abraham, Izaak, Jakub, dwie Tablice Przymierza, jeden Bóg na niebie i ziemi.

Równie popularna była bajka śpiewana po aramejsku, na zakończenie: *chad gadija*, czyli „jedno koźlątko". „Jedno koźlątko, jedno koźlątko kupił ojciec za dwa zu[3]. Przybiegł żbik i zjadł koźlątko, które kupił ojciec za dwa zu. A wtedy przybiegł pies, który zagryzł żbika, który zjadł koźlątko, które kupił ojciec za dwa zu. Ale znalazł się kij, który obił psa, który zagryzł żbika, który zjadł koźlątko, które kupił ojciec za dwa zu". Ostatnie zdanie bajki brzmi: „I przyszedł Święty, błogosławiony, obezwładnił Anioła Śmierci, który zabił rzeźnika, który zarżnął wołu, który wypił wodę, która ugasiła ogień, który spalił kij, który obił psa, który zagryzł żbika, który zjadł koźlątko, które kupił ojciec za dwa zu". Według bajki, w ten sposób zostało odwrócone zło i wszystko dobrze się skończyło. Można także bajkę tę rozumieć jako symbol dziejów Izraela: który nabył Bóg za dwie Tablice Przymierza, który został podbity przez Asyrię, ją zaś podbił Babilon, który został podbity przez Persję... itd., itd. Walka i podboje trwać będą aż do dnia Sądu Ostatecznego, kiedy to Bóg unicestwi wszelką śmierć.

Tak kończył się seder.

Pozostałe dni święta Pesach były półświętami – *chag ha--moed*. Nie wykonywało się żadnych prac prócz tych, które były związane z przygotowaniem posiłków. Czas poświęcano na spotkania z przyjaciółmi, zaręczyny, śluby i inne uroczystości rodzinne i towarzyskie.

Arabowie powiadali: „chrześcijanie wydają pieniądze na procesowanie się, muzułmanie na wesela, a Żydzi na święto Pesach".

---

[3] Starożytna moneta, o której brak bliższych danych.

SZAWUOT

Szawuot, Święto Tygodni, jest drugim z kolei z cyklu świąt pielgrzymich, *szalosz regalim*, obchodzonym szóstego dnia miesiąca siwan (maj-czerwiec). W starożytności miało ono charakter rolniczy. Do dziś wiele się zachowało z tej symboliki i pewno dlatego nazywano je „zielonymi świętami". W święto Pesach, które zaczyna się 14 dnia nisan, w Świątyni składano w ofierze pierwszy snop jęczmienia – *omer*. Od tego momentu, przez siedem tygodni, dni nazywano omerami. Stąd też wzięła się nazwa hebrajska święta: *chag ha-szawuot* znaczy właśnie „święto tygodni". Na wschodzie Europy święto to nazywano

„pięćdziesiątnicą", gdyż przypadało ono pięćdziesiątego dnia po Pesach.

O Szawuot jest napisane w Torze: „Trzy razy w roku zjawiać się winien każdy Twój mężczyzna przed Panem, Bogiem Twoim. Przyniesiesz do domu Boga, Pana Twego, pierwociny z płodów ziemi. I nie będziesz gotował koźlęcia w mleku jego matki (...) Także w dniu pierwocin, gdy składacie Panu ofiarę z nowego zboża, w Święto Tygodni ma być dla was zwołanie święte; wtedy nie będziecie wykonywać żadnej pracy" (Lb 28, 7-31).

Za czasów biblijnych w Szawuot lud pielgrzymował do Świątyni Jerozolimskiej. W uroczystych pochodach brali udział mieszkańcy całego kraju niosąc w darze pierwsze, dojrzałe owoce ziemi. Bogaci nieśli je w srebrnych i złotych naczyniach, ubożsi w koszach uplecionych z gałęzi wierzbowych. Było to siedem rodzajów płodów: jęczmień, pszenica, oliwki, daktyle, granaty, figi i winogrona, ułożonych warstwami. Oprócz tego prowadzono również zwierzęta na ofiary. Pochód otwierał wół z pozłacanymi rogami, przystrojony wieńcem laurowym. Orszakom towarzyszyli śpiewacy i fleciści. Jerozolima witała ich uroczyście. W Świątyni pielgrzymi przekazywali kapłanom i lewitom przyniesione przez siebie dary. Ofiarowane zwierzęta po rytualnym zarżnięciu przeznaczano do jedzenia. W ucztach brali udział wszyscy, bez względu na swój status społeczny. Bogaci wraz z biednymi, wolni z niewolnikami biesiadowali i weselili się. Tego dnia, zgodnie z nakazem, nikt nie pracował.

Przede wszystkim jednak 6 siwan to dzień, w którym według tradycji żydowskiej Mojżesz otrzymał Torę na górze Synaj i głównie temu wydarzeniu poświęcano, w czasach nowożytnych, święto Szawuot.

Nadal odliczano czterdzieści dziewięć dni od Pesach do Szawuot, które nazywano *omer*, co po hebrajsku znaczy „snop". Przez siedem tygodni odliczania, co wieczór, pobożni

Żydzi odmawiali modlitwę: „Panie świata, przez sługę Twojego, Mojżesza, przykazałeś nam liczyć omer, aby oczyścić nas od złego i nieczystości, jako zapisałeś w swojej Torze: liczyć będziecie od drugiego dnia święta, od dnia, którego żeście przynieśli snop – siedem tygodni pełnych być powinno. Aby oczyściły się dusze Twojego Izraela od nieczystości ich. Więc niech się stanie wola Twoja, Panie, Boże nasz, Boże ojców naszych. I w zasługę liczenia omerów niechaj naprawiona zostanie niedokładność w liczeniu. Byśmy byli czyści i święci świętością wyżyn". Do liczenia omeru służyły specjalne kalendarze, zwane *seder sefirat ha-omer* (hebr. „porządek liczenia omerów"). Ten okres siedmiu tygodni był dla Żydów czasem powszechnej żałoby. Przypadało nań bowiem wiele tragicznych rocznic: męczeńska śmierć rabiego Akiby i jego 24 tysięcy uczniów (II w. n.e.), prześladowania i pogromy w czasie wypraw krzyżowych, poczas których ginęły całe gminy żydowske, z najnowszej historii zaś: rocznica bohaterskiego i tragicznego powstania w getcie warszawskim w 1943 roku. Dlatego w czasie odliczania omerowych dni zakazane były radosne uroczystości, takie jak śluby czy zaręczyny. Nie należało się w tym okresie strzyc ani stroić.

Trzydziestego trzeciego dnia, 18 ijar, przerywano żałobę. Dzień ten, zwany *lag ba-omer* (hebr. „trzydziesty trzeci snop"), uważa się za datę śmierci rabiego Szymona ben Jochaja (II w. n.e.), ojca nauk mistycznych, któremu przypisywano autorstwo Zocharu. Śmierć rabiego przedstawiano jako duchowe „zaślubiny", polegające na zjednoczeniu jego duszy z jej Boskim źródłem. Dlatego w tym dniu chętnie wyprawiano wesela. Dzień ten powszechnie był znany też jako dzień ucznia. Żony nauczycieli, *melamedów*, tradycyjnie częstowały uczniów pierogami z serem i słodyczami. Po posiłku dzieci wraz ze swymi nauczycielami szły na spacer na łąki, do lasu. Tam uzbrojone w drewniane szable i łuki staczały bitwy. Bawiono się tak na pamiątkę wydarzenia opisanego w Talmudzie:

w roku 586 p.n.e., w czasie oblężenia Jerozolimy przez Nabuchodonozora, mały chłopiec żydowski o imieniu Elkona strzelił do jednego z dowódców wrogich wojsk. Wzbudziło to taką panikę, że Nabuchodonozor na miesiąc odstąpił od oblężenia miasta.

Czterdziestego dziewiątego dnia omer, noc poprzedzającą święto Żydzi przeznaczali na studiowanie Tory i Talmudu. Zwyczaj ten wywodzi się z opowieści, że Izraelici zaspali w oczekiwaniu na Mojżesza, który musiał ich budzić. Kabaliści odczytywali tej nocy specjalnie ułożony zbiór tekstów, składający się z początków i zakończeń każdej z ksiąg Tory, Proroków, Pism, każdego traktatu Miszny i ksiąg Zoharu. Ten rytuał miał w sposób mistyczny przywrócić jedność świętych tekstów. Mawiano również, że tej nocy jest chwila, gdy otwiera się niebo i wszystkie wypowiedziane wówczas prośby trafiają wprost do Boga.

Szóstego dnia siwan nastrój się zmieniał. Synagogi i mieszkania przystrajano zielenią, na pamiątkę zieleni i kwiatów, jakimi się okryła pustynna góra Synaj w momencie objawienia. Na oknach naklejano wycinanki zwane w jidisz *szewuoslech*, z motywami biblijnymi, znakami Zodiaku lub stylizowanymi wizerunkami zwierząt.

W synagodze podczas nabożeństwa odczytuje się Dziesięcioro Przykazań, wierni wysłuchują ich stojąc. Czyta się również Księgę Rut, pochodzącą z X w. p.n.e. Jest to opowieść o Moabitce, która poślubiła Żyda. Pomimo utraty męża zachowała wierność zarówno jego religii, którą dobrowolnie przyjęła, jak i jego matce. Zapewniła jej opiekę i pomoc. Księga zawiera wiele scen opisujących dawne wiejskie życie regulowane prawami ustalonymi przez Torę. Rut była prababką Dawida. Jej lojalność stała się przykładem „sprawiedliwych nie-Żydów". Opowieść o Rut jest znakiem tendencji uniwersalistycznych w starożytnym judaizmie. Odczytuje się tę księgę w Szawuot, ponieważ 6 siwan przypada rocznica urodzin i śmierci króla Dawida. Do kanonu modlitw przeznaczonych na ten dzień należy także modlitwa za zmarłych – *Izkor* (hebr. „wspomnij, zapamiętaj").

W to święto jada się głównie potrawy mleczne: naleśniki, serniki, budynie, ponieważ w przykazaniu o święcie Szawuot jest zdanie: „nie będziesz jadł koźlęcia w mleku matki jego" (Wj 23, 13). W diasporze Szawuot trwa nie jeden, a dwa dni. Dotyczy to zresztą wszystkich świąt oprócz Jom Kipur. Drugi dzień został dodany ze względu na trudności, z którymi niegdyś wiązało się właściwe oznaczenie momentu rozpoczęcia święta w krajach oddalonych od Palestyny. Z rozpoczęciem święta czekano na umyślnych posłańców z Jerozolimy, gdzie Bet din ustalał dokładną godzinę. Współcześnie kalendarze żydowskie drukują dokładne informacje na cały rok, ale tradycja przedłużonych świąt pozostała i nosi miano *jom tow szel galut* (hebr. „dzień święta krajów oddalonych").

SUKOT

Sukot jest jesiennym świętem pielgrzymim. Trwa siedem dni: od 15 do 21 miesiąca tiszri (wrzesień-październik). O tej porze na ziemiach kananejskich kończyło się winobranie i zbiór oliwek. Kończył się całoroczny cykl prac na roli. Sukot było świętem plonów, świętem wypoczynku ziemi i ludzi. Po hebrajsku słowo *sukot* oznacza szałasy. W Polsce nazywano to święto Świętem Szałasów lub też Świętem Kuczek.

W Torze o tym święcie jest napisane: „Będziesz obchodził święto szałasów przez siedem dni po zebraniu plonów z twego klepiska i twojej tłoczni. W to święto będziesz się radował ty, twój syn i córka, sierota i wdowa, którzy żyją w twoich murach. Przez siedem dni będziesz świętował ku czci Twego Pana, w miejscu, które sobie obierze Pan, za to, że błogosławi Pan, twój Bóg, we wszystkich twoich zbiorach i abyś był pełen radości" (Pwt 16, 13-15).

Sukot upamiętnia czterdziestoletnią wędrówkę Żydów przez pustynię i dlatego w Torze jest napisane, że „przez siedem dni będziecie mieszkać w szałasach. Wszyscy tubylcy Izraela będą mieszkać w szałasach, aby pokolenia wasze wiedziały, że kazałem Izraelitom mieszkać w szałasach, kiedy wyprowadziłem ich z ziemi egipskiej" (Kpł 23, 42-43). Sukot jest świętem radosnym. Słowa Księgi Kapłańskiej głoszą: „Piętnastego dnia tego samego siódmego miesiąca będzie przez siedem dni święto szałasów dla Pana. Pierwszego dnia będzie święte zgromadzenie: żadnej ciężkiej pracy wykonywać nie będziecie. Przez siedem dni będziecie składać ofiary spalane dla Pana. (...) Weźcie sobie pierwszego dnia owoce pięknych drzew, liście palmowe, gałązki gęstych drzew (mirt) i wierzb nadrzecznych. Będziecie się weselić przed Panem, Bogiem waszym, przez siedem dni" (Kpł 23, 34-36).

Z Księgi Nechemiasza możemy się dowiedzieć, jak wyglądało święto Sukot w czasach biblijnych: „gromadził się tedy wszystek lud jak jeden mąż w Jeruzalem. Tu naznosiwszy z gór przeróżnych ozdób liściowych, przeważnie gałęzi oliwnych, mirtowych i palm, sporządzał z nich szałasy, które ustawiał na płaskich dachach, podwórcach, placach publicznych i przedsionkach Świątyni. Cały lud wracający z niewoli sporządzał szałasy i przemieszkiwał w szałasach, których wnętrza zdobiły tkaniny, porozwieszane orzechy, brzoskwinie, granaty, kłosy, winogrona, oliwki". Z księgi tej dowiadujemy się o istniejących wówczas obrzędach. Najważniejszym z nich było „branie *lulaw*". *Lulaw* oznacza „bukiet czterech gatunków", *arba minim*, który składa się z jednej gałązki palmy (*lulaw*), dwóch gałązek wierzby (*arawa*), trzech mirtu (*hadas*) i owocu przypominającego cytrynę, po hebrajsku zwanego *etrog*. W starożytności w Świątyni, podczas śpiewania hymnów pochwalnych *hallelot*, każdy Żyd trzymał w lewej ręce *etrog*, a w prawej *lulaw* i wymachiwał nim na cztery strony świata.

Ważny był też obrzęd *arawa*, co po hebrajsku oznacza „wierzba". W pierwszy dzień Sukot kapłani przynosili gałęzie wierzbowe z miejscowości Moza leżącej niedaleko Jerozolimy. Przy dźwiękach trąb okrywali nimi ołtarz. Siódmego dnia, zwanego *hoszana raba*, uderzano tymi gałęziami o ziemię. Wierzba była symbolem wody, a obrzęd ten towarzyszył modlitwom o deszcz, który miał zapewnić lepsze plony. Do ważnych obrzędów należał też *nasich ha-majim* (hebr. „lanie wody"). Kapłani szli wówczas do źródła Sziloch (poza murami miasta) i złotymi naczyniami czerpali zeń wodę. Kiedy wracając zbliżali się do Wrót Wodnych, witani byli głośnym trąbieniem surm. Wszedłszy na stopnie ołtarza przekazywali naczynie arcykapłanowi, który przelewał wodę do srebrnej czary z dwoma otworami. Woda przy dźwiękach fletów i pieśni dziękczynnych spływała do Sit, czyli północno-zachodniego rogu ołtarza. Była to ważna chwila. Arcykapłan wlewał wodę, starając się nie wylać jej poza święte naczynia, z wysoko uniesionymi rękami tak, aby jak najwięcej ludzi mogło obserwować celebrację.

Równie ważnym obrzędem był *bet ha-szoewe* („uroczystość pochodni"). Co noc, przez siedem dni, dziedziniec świątynny *ezrat ha-naszim* rozświetlano ogromną liczbą kandelabrów. Przy dźwiękach harf, gęśli, trąb i cymbałów, w takt śpiewanych przez lewitów pieśni tańczyli członkowie *sanchedrynu*, kapłani i przybyli z całego Izraela mężczyźni. Każdy z tańczących trzymał gorejące pochodnie. Z balkonów i galerii przyglądały się temu kobiety. Było jasno jak w dzień, gorąco i radośnie. Mawiano: „kto nie widział *bet ha-szoewe*, nie widział żadnego święta".

Przez wszystkie dni święta składano ofiary, m.in. ofiarę z siedemdziesięciu byków, w imię pomyślności siedemdziesięciu narodów, co miało symbolicznie oznaczać pomyślność dla wszystkich narodów świata.

Co siedem lat, w tak zwanym roku szabatowym, król lub inny najwyższy dostojnik siadał na zaimprowizowanym drewnianym tronie i odczytywał ludowi Torę. Działo się tak zgodnie z nakazem Księgi Powtórzonego Prawa: „Po upływie każdego siedmiolecia, w rok umorzenia długu, w święto szałasów, gdy przyjdzie cały Izrael, by pokazać się przed obliczem Pana, Boga twego, na miejscu, które wybierze, odczytasz to prawo przed uszami całego Izraela. Zgromadź lud: mężczyzn, kobiety, dzieci i obcych przybyszy, którzy przebywają w twoich bramach, aby usłyszeli i nauczyli się bojaźni Pana, Boga waszego, i pilnie spełniali wszystkie słowa tego prawa" (Pwt 31, 10-12).

W czasach nowożytnych już nie pielgrzymowano do Jerozolimy, ale zachowano wiele zwyczajów, w tym zwyczaj budowania szałasów (*sukot*). Ustawiano je na podwórkach, balkonach, dachach. Konstrukcja ich, według Talmudu, powinna mieć trzy ściany i dach kryty gałęziami z liśćmi, tak aby „światło słońca nie mogło przewyższyć cienia i aby nocą można było widzieć gwiazdy na niebie". Bywały też szałasy budowane na stałe, np. na strychu, z podnoszonym dachem. W niektórych muzeach judaistycznych (np. Muzeum Diaspory w Tel Awiwie) można zobaczyć pięknie malowane *sukot*. Malowidła na ścianach przedstawiały widoki wyśnionej, wymarzonej Jerozolimy, sceny biblijne, ale i pejzaże Polski, Ukrainy, Węgier – miejsc, w których mieszkali Żydzi. Szałasy przystrajano dywanami, papierowymi, kolorowymi ptakami, żyrandolami robionymi z dyni, obwieszano je także wieńcami z głogu i jarzębiny. Wystrój szałasu zależał od gustu i zamożności rodziny. Należało w nim przez siedem dni spożyć chociażby jeden posiłek dziennie. Według tradycji, każdego dnia odwiedzali szałas po kolei *uszpizin*, goście biblijni: Abraham, Izaak, Jakub, Józef, Mojżesz, Aaron, Dawid. Wywieszano imię *uszpizin* i każdego z nich uroczyście zapraszano, wypowiadając formułę po aramejsku. Jednocześnie należało zaprosić kogoś ubogiego, kto miał spożyć porcję przeznaczoną dla honorowego gościa. Jadano w to święto tradycyjnie: wszelkie potrawy faszerowane, pierogi z mięsem, kapustę z rodzynkami, a na deser orzechy, pomarańcze i kompoty z suszonych śliwek, jabłek i gruszek. Wykluczone były potrawy gorzkie i kwaśne.

Niezbędnym dodatkiem na stole był miód. Podczas odmawiania błogosławieństwa nad chlebem maczano go w miodzie.

W noc przed *hoszana raba* (siódmy dzień Sukot) czytano Księgę Powtórzonego Prawa, na przypomnienie czasów biblijnych, kiedy to w latach szabatowych na dziedzińcu Świątyni król odczytywał ludowi Torę.

Zachował się też obrzęd związany z *lulaw*. Ponieważ *lulaw* składa się z roślin rosnących w krajach południowych, które specjalnie sprowadzano, był on bardzo drogi. Toteż lokalne społeczności zbierały fundusze na zakup kilku *lulaw*, aby móc dokonać obrzędów. Rośliny wchodzące w skład *lulaw* miały przeróżne znaczenie. I tak palma miała moc oddalania złych deszczów i wiatrów niszczących plony. Pierścionki zrobione z liści palmy wchodzącej w skład *lulaw* miały chronić od złego uroku. Mirt symbolizował płodność i miłość, uważano go za roślinę narzeczonych. Wierzba była symbolem życiodajnej wody, dzięki której wszystko może rosnąć i kwitnąć. Roślinom tym przypisywano też inne znaczenie: *etrog* miał symbolizować doskonałość Abrahama, palma – związanego na ołtarzu ofiarnym Izaaka, mirt – Jakuba i jego liczne potomstwo, które dało początek ludowi Izraela, wierzba – roślina najszybciej usychająca – symbolizowała Józefa, który spośród dwunastu braci zmarł pierwszy. *Lulaw* symbolizował także ludzki kręgosłup, który powinien zginać się przed Bogiem. W trakcie ceremonii w synagodze machano nim w cztery strony świata oraz w górę i w dół, potwierdzając tym symbolicznie wszechobecność Boga. Siódmego dnia w *hoszana raba* w synagogach odmawiano modły *hoszana* (hebr. ,,zbaw nas, prosimy''), okrążając z *lulaw* siedem razy synagogę. Na bimę wynoszono siedem rodałów i z każdym okrążeniem jeden wracał do *aron ha-kodesz*. Pod koniec odbywało się ,,młócenie gałęziami''. Zwyczaj ten jest pozostałością świątynnego obrzędu *arawa*. Uderzano gałęziami o krawędzie ławek i podłogę – tak długo, aż zostawały ogołocone z liści. Symbolizowało to ,,sprowadzanie deszczu'' i „oczyszczanie się z grzechów". W *hoszana raba* dobiegał końca sąd nad ludźmi rozpoczęty w Rosz ha-Szana. Z tego powodu prowadzący modły ubierał się w biały kitel. Istniał przesąd, że kto w przeddzień nie zobaczy swojego cienia albo zobaczy swój cień bez głowy, ten nie dożyje następnego roku. W diasporze do siedmiu dni Sukot dodano ósmy – *szemini aceret* (hebr. „ósmy dzień zgromadzenia"). W synagogach tego dnia odmawiano modlitwy *Tefilat geszem* i *Izkor*. *Tefilat geszem* jest modlitwą o deszcz i nawiązuje do obrzędu *nasich ha-majim* (lanie wody) z czasów kultu świątynnego; *Izkor* jest modlitwą za dusze zmarłych. Obie te modlitwy odmawia się razem, bo – jak to jest powiedziane w Talmudzie – „deszcz jest podobny do zmartwychwstania".

Jednak główną treścią *szemini aceret* była Simchat Tora (hebr. „radość Tory"), która kończyła roczny cykl odczytywania Pięcioksięgu. Pięcioksiąg jest podzielony na 54 *paraszot*, czyli rozdziały. Każdy z nich jest odczytywany w kolejne soboty, podczas *mincha*, popołudniowego nabożeństwa. Czytanie powtarzano w poniedziałek lub czwartek. Kiedyś uzależniano to od dni targowych. Żydzi zjeżdżali się z różnych wsi i miasteczek i po skończonym handlu udawali się do miejscowych synagog, by móc pomodlić się i wysłuchać przypadającej na ten dzień *paraszy*. W Simchat Tora odczytywano ostatnią *paraszę* i zaraz po niej pierwszą, zwaną *Bereszit* (nazwa pochodzi od pierwszych słów Tory). W synagogach tego dnia było szczególnie uroczyście. Z *aron ha-kodesz* wyjmowano wszystkie rodały Tory. Na ich miejsce wstawiano zapaloną świeczkę, jako symbol nie gasnącego światła Tory. Rodały były przystrojone w złote i srebrne korony i bogato haftowane sukienki. Najbardziej zasłużeni w gminie brali je w ramiona i obchodzili z nimi siedem razy synagogę lub znajdującą się wewnątrz synagogi bimę. Za nimi sunął korowód śpiewających i tańczących mężczyzn. Mali chłopcy nosili chorągiewki z wbitymi na nie czerwonymi jabłkami, w których tkwiły zapalone świeczki. Chorągiewki miały różne napisy, np.: „sztandar obozu Judy", „sztandar obozu Aszera" i inne. Pomysły do tego czerpali chłopcy z biblijnych opowieści sięgających czasów zdobywania ziemi Kanaan przez plemiona izraelskie w XIII w. p.n.e. Było wiele jeszcze innych radosnych zwyczajów praktykowanych w Simchat Tora, gdyż Żydzi zawsze uwielbiali swoją Torę i wszystko, co jej dotyczyło. Od drugiego do szóstego dnia Sukot miało charakter półświąteczny, *chag ha-moed*. Nie należało w tym okresie wykonywać ciężkich i trudnych prac. Czas przeznaczano na odwiedziny i przyjęcia. Zapraszano krewnych i przyjaciół do pięknie przystrojonych szałasów, które nadawały tym spotkaniom niezwykły charakter. Pod koniec Sukot szałasy rozbierano. Z tego, co pozostało, dzieci paliły ogniska. Strzelano przy okazji z kapiszonów. Panowało zamieszanie i ogólna wesołość.

CHANUKA

Święto Chanuka obchodzone jest na cześć zwycięskiego powstania Machabeuszy. Jest najmłodszym świętem spośród tych, które zapisano w Tanachu, a liczy sobie dobrze ponad 2000 lat. Obchodzone jest od 25 dnia miesiąca kislew do 2 dnia miesiąca tewet (listopad-grudzień). Wydarzenia historyczne związane z tym powstaniem zostały opisane w I i II Księdze Machabejskiej. Za panowania Antiocha IV Epifanesa, króla z syryjskiej dynastii Seleucydów, próbowano w Judei narzucić siłą religię grecką, sprzeczną z wyznawanym przez Żydów monoteizmem. Większość narodu żydowskiego nie chciała się z tym pogodzić. Tych, którzy byli zdecydowani ginąć w obronie swej wiary, nazywano *chasidim* (hebr. ,,pobożni"). Z nich wywodzili się późniejsi faryzeusze[4]. W tym okresie powstało wiele utworów o tematyce martyrologicznej, takich jak legenda o kobiecie imieniem

---

[4] Ugrupowanie religijne, które odegrało decydującą rolę w ukształtowaniu kultu synagogalnego.

Chana, na której oczach zamordowano siedmiu synów, ponieważ nie chcieli odstąpić od wiary ojców; opowieść o męczeńskiej śmierci starca o imieniu Eleazar i inne. Wielką popularnością cieszyła się wówczas literatura opiewająca bohaterskie czyny narodu z przeszłości, np. opowieść o Judycie, która zamordowała Holofernesa, dowódcę wojsk Nabuchodonozora, oblegającego Judeę. Czas cierpienia i upokorzenia narodu dobiegł jednak końca. Sygnał do zbrojnego oporu dał stary kapłan z rodu Hasmoneuszy – Matatias, pochodzący z judejskiego miasteczka Modiin. On i jego pięciu synów porwali za sobą do walki znaczną część ludu. Mały z początku oddział partyzancki wkrótce przekształcił się w armię zdolną prowadzić regularną wojnę. Na jej czele stanął Juda, syn Matatiasa. Naród nadał mu przydomek „młot" (po hebrajsku *makabi*, stąd nazwa Machabeusz). Juda okazał się bardzo utalentowanym przywódcą i człowiekiem o wielkiej charyzmie. Po stoczeniu zwycięskich bitew (pod Emaus, Bet Cur), w miesiącu kislew 165 r. p.n.e. jego wojska wkroczyły do Jerozolimy. Po szoku, jakiego doznali na widok zniszczeń i profanacji Świątyni, powstańcy zabrali się do pracy. Z pomieszczeń świątynnych usunięto wszystkie posągi rzymskich bogów. Na miejsce zbezczeszczonego ołtarza zbudowano nowy. Odbudowano pomieszczenie przeznaczone dla kapłanów. W miejsce zrabowanej przez Epifanesa menory Żydzi postawili nową, odlaną ze złota. Światło oliwnych lampek menory było symbolem Boskiej obecności w Świątyni i należało je jak najszybciej zapalić. Ale znaleziono zaledwie jeden dzbanuszek oliwy z pieczęcią arcykapłana – a tylko takiej można było użyć. I stał się cud: oliwy tej wystarczyło na osiem dni, akurat tyle, ile czasu potrzeba na wytłoczenie nowej, poświęconej oliwy.

25 kislew 165 r. p.n.e. przy dźwiękach cytr, harf, cymbałów, przy śpiewie hymnów, Świątynia Jerozolimska została konsekrowana. Chanuka w języku aramejskim oznacza właśnie

„inaugurację, poświęcenie". Uroczystości trwały osiem dni. Został przywrócony kult świątynny. Żydzi znowu byli u siebie. „Juda zaś i jego bracia i całe zgromadzenie Izraela postanowili, że uroczystość poświęcenia ołtarza będą z weselem i radością obchodzić z roku na rok, przez osiem dni od dwudziestego piątego dnia miesiąca kislew" (I Mch 4, 59). Według tradycji żydowskiej, w miesiącu kislew miała też miejsce konsekracja Świętego Przybytku i Świątyni Salomona (tzw. Pierwszej Świątyni), które to uroczystości trwały również przez osiem dni. Wracając do omawianych czasów, trzeba powiedzieć, że na tym nie skończyła się walka. Powstańcom przyszło stoczyć jeszcze wiele bitew. W jednej z nich, w 164 r. p.n.e., zginął Juda Machabeusz. Mimo to Żydom udało się wywalczyć i utrzymać niepodległość. Dzięki temu odzyskali wolność na ponad sto lat. Brat Judy, Szymon Hasmonejczyk, założył dynastię panującą do 37 r. p.n.e., do czasu, gdy wojska rzymskie zagarnęły państwo Seleucydów, a wraz z nim Judeę.

W czasach nowożytnych Chanuka ma głównie charakter rodzinny. Ważnym momentem w liturgii Chanuki jest zapalanie świec przez osiem dni z rzędu. Codziennie zapala się o jedną świeczkę więcej niż dnia poprzedniego. Świece zapala najstarszy mężczyzna, przy tej czynności winni mu towarzyszyć wszyscy domownicy. Zapalający wypowiada błogosławieństwo: „Bądź pochwalony Wiekuisty, Boże nasz, Królu wszechświata, który uświęciłeś nas swymi przykazaniami i poleciłeś nam zapalać światło na Chanukę". Po zapaleniu śpiewano hymn *Maoz cur* (hebr. „twierdza ze skały"). Pieśń opowiada o tym, jak w każdym stuleciu Bóg wybawia lud Izraela od cierpień i prześladowań, a ponadto zawiera prośbę o zesłanie na ziemię Mesjasza. Zgodnie ze zwyczajem nie można odpalać jednej świecy od drugiej. Do zapalania kolejnej służy dodatkowa świeczka zwana *szames* (od hebr. „pomocnik"). Zapalone lampki ustawia się w oknie. Dawniej wystawiano je na zewnątrz, po lewej stronie drzwi. Ustawiano je w ten sposób, aby „wieść o cudzie zyskała rozgłos", jak mówi Talmud. Świec nie mogła zapalać osoba będąca w żałobie. Powinny się palić nie krócej niż pół godziny. Ich światło nie może służyć żadnym praktycznym celom – nie mogą więc oświetlać pomieszczeń, nie mogą też służyć do czytania itd.

Lampki chanukowe, po hebrajsku nazywane *chanukijot*, początkowo były glinianymi lub kamiennymi naczyniami z wydrążonymi ośmioma otworami. Potem zaczęto je odlewać z brązu. Dziś *chanukijot* to jedne z piękniejszych, oryginalnych żydowskich przedmiotów kultowych. Niektóre muzea szczycą się posiadaniem kolekcji tych świeczników.

W czasie trwania święta nie powinno się pracować, a nawet studiować Tory. Zakazany jest post, nie powinno się wygłaszać mów pogrzebowych, jako że jest to święto radosne. W synagodze, oprócz zwykłej liturgii, odmawiana jest modlitwa *Al ha-nisim* (hebr. „z powodu cudów"), czytane są fragmenty z Księgi Liczb, opisujące inaugurację Świętego Przybytku na pustyni i dary, jakie złożyli naczelnicy dwunastu plemion izraelskich. Czytana jest także Księga Judyty i *pijutim* – poematy religijne, poświęcone męczennikom.

Chanuka, jak powiedzieliśmy, jest świętem rodzinnym. Dzieci obdarowuje się prezentami. Zwykle są to słodycze i drobne monety, które w tym wypadku nazywają się *chanuka gelt* (jid.). Obowiązuje zasada, że nawet najmniejsza darowana suma musi starczyć na kupienie konkretnej rzeczy, np. bułki. Bardziej znaczące kwoty darowano mełamedom i ich pomocnikom, belfrom, a także kantorom, szamesom (posługaczom w bóżnicach) oraz własnej służbie.

W czasie tego święta dopuszczalne były wszelkie gry, nawet hazardowe, które zwykle w inne dni są potępiane przez judaizm. W długie, zimowe wieczory dzieci i dorośli grali w karty, kości, loteryjki, a już koniecznie w *drejdł* (jid.

„bączek"). Zabawa w *drejdl* jest grą hazardową. Bączek jest najczęściej wykonany z ołowiu. Na jego czterech ściankach widnieją cztery hebrajskie litery: *nun, gimel, he, szin* (n, g, h, sz), które w grze oznaczają:

n – nic nie dajesz, nic nie bierzesz
g – wszystko zabierasz
h – dokładasz połowę stawki
sz – dokładasz całą stawkę.

Litery te stanowią akronim *nes gadol haja szam* (hebr. „był tam wielki cud") – aluzja odnosi się do cudu w Świątyni zdobytej przez Machabeuszy.

Zabawiano się też zagadkami, opowiadano żarty, zwane z tej okazji *chanuka katowes*, słuchano bajek i opowieści.

W czasie Chanuki jadano głównie potrawy przyrządzone na oleju – w związku z cudowną historią z oliwą. Były to: łatkes, czyli smażone racuszki posypane cukrem, pączki, placki kartoflane i inne.

We współczesnym Izraelu podkreśla się tradycję zwycięskiego powstania Machabeuszy. Na ulicach, dachach domostw, przed izraelskim parlamentem (Knesetem) zapala się ogromne menory, na znak trwałości tradycji i nie ginącej nigdy woli narodu bycia wolnym. O lampach chanukowych mówi się, że są ognistą sztafetą przekazywaną z pokolenia na pokolenie od przeszło dwóch tysięcy lat.

ל ואשמח בשמחת תות.

PURIM

Najweselszym ze wszystkich świąt żydowskich jest Purim, nazywany też „żydowskim karnawałem". Obchodzi się go 14 i 15 dnia miesiąca adar (luty-marzec). Gdy rok jest przestępny i ma dwa miesiące adar[5], Purim jest obchodzony w drugim z nich, tzn. adar szeni.

Według Biblii, Bóg przykazał Żydom: „aby obchodzili dzień czternasty miesiąca adar i dzień piętnasty tegoż miesiąca co roku. Na wspominanie onych dni, w których odpoczęli Żydzi od nieprzyjaciół swoich, miesiąca tego, który im się obrócił z smutku w wesele, a z płaczu w dzień radości; aby obchodzili owe dni z ucztami i weselem, jeden drugiemu upominki dając, a ubogim dary posyłając" (Est 9, 21-22).

O tym, co się wydarzyło w „owych dniach" opowiada biblijna Księga Estery, spisana w II w. p.n.e.

W Persji i Medei, państwie rozciągającym się od Indii do Etiopii, rządził król Achaszwerosz. Pojął on za żonę piękną

---

[5] Zob. rozdział traktujący o kalendarzu żydowskim.

Żydówkę o imieniu Estera, która była sierotą wychowywaną przez mądrego i pobożnego wuja Mordechaja. O jej pochodzeniu Achaszwerosz nic nie wiedział. Wezyrem był w tym czasie człowiek bardzo bogaty i bardzo zły o imieniu Haman. Despota ten nie znosił Mordechaja i postanowił zgładzić jego i cały naród żydowski. Haman oskarżył więc Żydów, że „nie przestrzegają praw królewskich, toteż nie jest rzeczą korzystną dla króla tak ich pozostawiać. Jeżeli król uzna to za dobre, niech zostanie wydane zarządzenie, że mają wszyscy być wytępieni" (Est 3, 9). Wręczył także Achaszweroszowi dziesięć tysięcy talentów srebra. Król odrzekł: „Tobie pozostawiam srebro i ten lud, abyś uczynił to, co uznasz za dobre". Tym samym wydał wyrok na Żydów, więc i na Esterę, o czym oczywiście nie wiedział. Dzień zagłady miał zostać wyznaczony przez Hamana, dzień, w którym: „ma się wytępić, pozabijać i wytracić wszystkich Żydów, od chłopca do starca, dzieci i kobiety. (...) mienie ich zaś należy zagrabić" (Est 3, 11). Najwłaściwszą datę Haman postanowił wybrać drogą losowania. Los padł na trzynasty dzień miesiąca adar (hebr. *purim* – „losy"). Dalej sprawy potoczyły się szybko, choć coraz gorzej dla Hamana. Mordechaj wraz z Esterą przekonali Achaszwerosza o nieuczciwości i nieprawości Hamana. Król zmienił swój wyrok i kazał powiesić Hamana i jego dziesięciu synów. Zawiśli na tej samej szubienicy, którą Haman wybudował dla Mordechaja i jego współwyznawców. Ocalony Mordechaj został wyniesiony do godności wezyra. Wśród ludu Izraela zapanowała radość, zamiast zagłady zyskał on opiekę potężnego króla Achaszwerosza.

Historia z Księgi Estery miała się wydarzyć w V w. p.n.e. Niektórzy historycy utożsamiają Achaszwerosza z perskim królem Kserksesem, który panował w latach 485-465 p.n.e. Opis dworu, uczt, zwyczajów zawartych w opowieści odpowiada realiom dworu perskiego w tamtych czasach. Jednak w źródłach perskich brak choćby jednej wzmianki o podobnych wydarzeniach. Nie ma też słowa o królewskiej żonie Żydówce.

Inni badacze przypuszczają, że Purim był echem staroperskiego święta nowego roku. Wówczas to – wedle wierzeń perskich – bogowie w świątyni Marduka odbywali świąteczne przyjęcie „purha", podczas którego rzucane były losy dotyczące każdego człowieka i określające jego los na nadchodzący rok. Za tą hipotezą miałyby przemawiać imiona głównych bohaterów, znajdujące swoje odpowiedniki w mitologii perskiej.

Inna interpretacja nawiązuje do późniejszego wydarzenia, do bitwy wygranej przez Judę Machabeusza w trzynastym dniu adar. Rozegrała się ona w miejscowości Hadassa. Hadassa po hebrajsku oznacza „mirt", a słowo Ester oznacza to samo w języku perskim.

Purim miał zawsze charakter święta ludowego, a nie „oficjalnego", związanego z kultem. Ale ponieważ jego opis został włączony do Biblii, miał on moc prawa i był obchodzony zgodnie z zawartymi tam wskazówkami liturgicznymi.

W przeddzień święta obowiązuje post na pamiątkę umartwień, którym poddali się królowa Estera, jej słudzy i cały naród żydowski zamieszkały w Suzie, w przeddzień rozstrzygnięcia o ich losie. Jeśli przypada on w piątek, który – jak wiadomo – jest początkiem Szabatu, przekłada się go na wcześniejszy dzień, czwartek. Podczas samego święta pościć nie można, zakazana jest także publiczna żałoba, zalecana jest radość i beztroska.

Nabożeństwo w synagodze rozpoczyna się od wygłoszenia odpowiednich błogosławieństw. Następnie, w sposób ustalony, odczytuje się Księgę Estery: fragmenty smutne wypowiadane są płaczliwym tonem, opis wyniesienia Mordechaja powtarza się dwukrotnie; imiona dziesięciu synów Hamana wymienia się jednym tchem – ponieważ zostali zgładzeni jednocześnie. Przy każdorazowym wymówieniu imienia Hamana obecni w synagodze, na znak potępienia, powinni czynić dużo rumoru. W tych więc momentach gwizdano, tupano, krzyczano. Dzieci na tę okazję przynosiły grzechotki, kołatki – by czynić nimi jak najwięcej hałasu. Przynosiły też kamyczki z wypisanym na nich imieniem Hamana i tak długo stukały jednym o drugi, aż owo imię zostało starte. Czyniono tak zgodnie z nakazem zawartym w Księdze Powtórzonego Prawa: „to ty wymażesz pamięć o Amaleku pod niebem, nie zapomnij o tym" (25, 19). Protoplastą Hamana miał być król Amalek, Amalekici zaś byli odwiecznymi wrogami starożytnego Izraela.

Liturgiczne egzemplarze Księgi Estery są sporządzane w formie zwojów i nazywane są *Megilat Ester*. Jest to jedyna księga wchodząca w skład Tanachu, która mimo ogólnie przyjętych przez religię zasad może być ilustrowana. Ale dotyczyło to tylko egzemplarzy używanych w domu. Do dziś zachowało się wiele pięknych egzemplarzy tej księgi. Umieszczone w cennych futerałach, stanowią ozdobę niejednej kolekcji.

Następnie odczytuje się fragmenty Księgi Wyjścia odnoszące się do walk z Amalekitami. Potem odmawiana jest modlitwa *Al ha–nisim*, zaczynająca się od słów: „za cuda, odkupienie, czyny potężne, za wybawienie, za wojny, które wiodłeś, za przodków naszych, w onych dniach, o tym czasie..." Nie śpiewa się tego dnia hymnów pochwalnych *hallelot*, a to ze względu na Persów, którzy zostali zabici w tamtych czasach, w ramach zarządzonego odwetu.

Do tradycji tego święta należy wręczanie prezentów, po hebrajsku nazywane *miszloach manot*, a po żydowsku (jid.) *szalachmunes*, zgodnie z zapisem w Księdze Estery: „jeden drugiemu upominki dając, a ubogim dary posyłając". Owe podarki to najczęściej rozmaite łakocie: miodowniki, rodzynki, figi, pomarańcze itp. Wszystko to umieszcza się na talerzyku zawiązanym w czerwoną serwetkę. Dorośli często obdarowują się winami, wódkami czy likierami. Należy też pamiętać o prezentach dla swoich pracowników i służby. W Talmudzie jest napisane, że tego dnia należy wspomóc co najmniej dwóch ubogich. W Purim organizuje się bale i przyjęcia filantropijne, kwesty i różnego rodzaju imprezy dobroczynne.

Najbardziej charakterystyczną potrawą purimową są *hamantasze* (jid.), czyli „uszy Hamana" lub „kieszenie Hamana". Nie może ich zabraknąć na żadnym stole. Są to słodkie pierożki nadziewane makiem, kształtem przypominające właśnie kieszonki. Według Talmudu powinno się tego dnia doprowadzić do takiego stanu, by nie można było odróżnić słów *arur Haman* od *baruch Mordechaj*, czyli: „przeklęty Hamanie" od „błogosławiony Mordechaju". Od tego „obowiązku" zwalniało jedynie zaśnięcie spowodowane, rzecz jasna, nadmiarem alkoholu. Podobnie jak w Chanukę, dozwolone były gry hazardowe: w karty, kości, itp., na co dzień stanowczo zabronione przez religię.

Pewne żydowskie porzekadło mówi, że adar jest najweselszym miesiącem w kalendarzu. Purim miał charakter i nastrój karnawału. Pomimo biblijnego zakazu mężczyźni mogli przebierać się za kobiety. Przebierańcy odgrywali zazwyczaj historię o złym Hamanie, ale także i inne biblijne sceny, oczywiście na sposób żartobliwy. Teksty i przedstawienia miały różnorodny charakter, niekiedy bardzo rubaszny. Chłopcy, uczniowie jeszybotów[6], chodzili po domach i odgrywali scenki purimowe, otrzymując w zamian słodycze lub drobne pieniądze. Nie brakowało przy tym żartobliwych wierszy, parodii i mów satyrycznych na aktualne tematy. W wielu miejscowościach w trakcie tych maskarad i spektakli istniał zwyczaj palenia kukieł przedstawiających Hamana.

Z czasem powstała obfita literatura, zwana po żydowsku *purimszpilen*, tj. sztuki purimowe. Główny jej rozkwit przypada na XVI i XVII wiek. *Purimszpile* stały się zaczątkiem nowoczesnego teatru żydowskiego, który początkowo nawiązywał do ludowej tradycji, by w drugiej połowie XIX w. stać się teatrem świeckim, nowoczesnym, o zróżnicowanym repertuarze.

---

[6] Szkoły religijne dla starszych dzieci i młodzieży.

KASZRUT

Kaszrut to żydowskie reguły odżywiania, ustanowione na podstawie Tory. W Torze jest powiedziane, że Bóg uczynił naród żydowski narodem wybranym i że poprzez ustanowienie licznych nakazów i zakazów chciał sprawić, by różnił się on od innych narodów: „a wy będziecie Mi królestwem kapłanów i narodem świętym. (...) Ja, Pan, oddaliłem was od innych narodów, abyście byli moimi" (Wj 19, 6). Przestrzeganie zasad *kaszrut* jest jednym z ważniejszych sposobów uczenia się dyscypliny moralnej. Dla religijnego Żyda oznacza jedną z dróg do świętości, aby stać się godnym Boskiego wyboru. Reguły *kaszrut* odnoszą się do przykazań typu *chukim*, tzn. takich, których pochodzenie jest Boskie, zaświadczone w Torze. I mimo że można znaleźć wiele racjonalnych uzasadnień dla sposobu odżywiania, jakie zaleca *kaszrut*: słuszność np. z medycznego punktu widzenia, to dla wyznawcy judaizmu pewność, że są to zasady dane od Boga, jest najważniejsza i decydująca o ich przestrzeganiu.

Jakie są główne reguły *kaszrut*?

Pierwszą z nich jest zakaz spożywania krwi. W Księdze Rodzaju jest napisane: „nie będziecie jedli mięsa z duszą jego, to jest z krwią jego" (Rdz 17, 10). W Księdze Kapłańskiej i Powtórzonego Prawa zakaz ten jest powtórzony kilkakrotnie: „żadnej krwi, ani z ptactwa, ani z bydła spożywać nie będziecie we wszystkich siedzibach waszych" (Kpł 7, 26), gdyż życie wszelkiego ciała jest w jego krwi (Kpł 17, 11), „wystrzegaj się tylko, aby nie spożywać krwi, gdyż krew to dusza, a nie będziesz spożywał duszy wraz z mięsem" (Pwt 12, 23).

Z tego zakazu wynika nakaz specjalnego przygotowywania mięsa. Uboju dokonuje *szochet* (hebr. „rzeźnik"), religijny Żyd mający uprawnienia poświadczone przez miejscowy rabinat. Powinien on umieć jednym ruchem przeciąć tchawicę, przełyk i tętnice szyjne w celu skutecznego wykrwawienia zwierzęcia. Ważne jest, by ubój odbył się jak najszybciej i był dla zwierzęcia możliwie bezbolesny. Narzędzia, jakimi posługuje się rzeźnik, muszą być ostre, czyste i bez skazy. Ubój rytualny wymaga nie tylko wprawy, ale i wiedzy, w której zakres wchodzi dobra znajomość anatomii zwierząt. Po zabiciu zwierzęcia *szochet* musi dokładnie sprawdzić jego organy wewnętrzne: płuca, wątrobę, serce itd. Każda dostrzeżona chorobowa zmiana lub anomalia kwalifikuje mięso jako *trefne*, więc nie nadające się do spożycia. Jeżeli zwierzę uznano za „zdatne", wycina się tłuszcz i większe żyły, a na mięsie przybija pieczęć *kaszer*, co oznacza dopuszczenie go do sprzedaży. Ale nie nadaje się jeszcze do spożycia. Należy je „wykoszerować", czyli:

– wymoczyć w czystej wodzie (około pół godziny);

– po wypłukaniu i odsączeniu posypać warstwą soli i w takim stanie zostawić przez godzinę; sól ma za zadanie wchłonąć resztki krwi;

– następnie wypłukać w kilku wodach.

Tylko tak przygotowane mięso nadawało się do przyrządzania i jedzenia.

Druga reguła *kaszer* dotyczy rodzaju zwierząt, ptaków i ryb nadających się do spożycia, a według Tory określanych jako rytualnie „czyste". W Księdze Powtórzonego Prawa czytamy na ten temat: „To są zwierzęta, które będziecie jeść: woły, owce, kozy. Jelenie, gazele, daniele, kozice, antylopy, bawoły, sarny. Będziecie jedli każde bydlę mające kopyto, rozszczepioną na dwoje racicę i przeżuwające" (Pwt 14, 4-7). W praktyce najczęściej spożywane jest mięso ze zwierząt hodowlanych: krów, wołów, baranów, kóz.

Jeśli chodzi o ryby, to jest napisane w Torze: „wszystko, co żyje w wodzie, morzu i rzekach, ma płetwy i łuski, jeść możecie" (Pwt 14, 9). A więc każda ryba, która ma i płetwy, i co najmniej trzy łuski, jak uściśla Talmud, nadaje się do spożycia. Inne, takie jak węgorz czy sum – nie. Nie wolno też jadać krabów, ślimaków i innych żyjątek morskich, które nie spełniają powyższych wymagań.

Co do ptaków nie ma dokładnej definicji. Nie można jadać ptaków drapieżnych i śpiewających. Zaleca się jadanie drobiu hodowlanego: kury, kaczki, indyki, gęsi. Ale wolno też jeść bażanty, kuropatwy, perliczki.

Wszystkie wymienione zwierzęta, ryby i ptactwo są zdatne do spożycia wyłącznie po uboju rytualnym. Nie mogą więc to być zwierzęta padłe, zranione lub chore. I tak np. nie nadaje się do spożycia zwierzyna upolowana, ponieważ została zastrzelona, a nie zabita zgodnie z wymaganiami uboju rytualnego.

Trzecią regułą *kaszer* jest oddzielenie potraw mięsnych od potraw mlecznych. W Torze jest napisane: „nie będziesz jadł koźlęcia w mleku matki jego" (Wj 23, 13). Talmud zakaz ten uściślił i drobiazgowo opracował. Ustalono, że między zjedzeniem mięsa lub jego przetworów (kiełbasy, pierożki, rosół i in.) a mlekiem i jego przetworami (masło, ser, śmietana i in.) powinno minąć sześć godzin. Natomiast odwrotnie, między mlekiem a mięsem – dwie godziny. Niektórzy rabini zalecają inne odstępy czasowe, np. 4 i 2 godziny. Ale nie zmienia to zasadniczego sensu o rozdziale: religijny Żyd nie zje kanapki z masłem i wędliną, ponieważ masło jest produktem mlecznym, a wędlina (oczywiście mówimy o takiej, która jest zrobiona z koszernego zwięrzęcia i w sposób rytualny) jest mięsem. Rozdzielenie ma następstwa nie tylko w jedzeniu, ale i w przygotowywaniu i przechowywaniu potraw. W kuchni religijnego Żyda powinny być dwa komplety naczyń, garnków i sztućców, a nawet dwa komplety ścierek, tradycyjnie odróżniających się kolorem: niebieski – mleko, czerwony – mięso. Często w celu usprawnienia pracy w kuchni są dwa zlewy czy dwa kredensy. Żyd religijny musi mieć pewność, że na żadnym etapie przygotowań nie nastąpiło zmieszanie potraw, nawet drogą pośrednią. Z tego powodu religijny Żyd jada tylko tam, gdzie są przestrzegane reguły *kaszrut*. Nie jada u nie-Żyda, nawet najlepszego przyjaciela, ponieważ nie ma gwarancji, że te warunki, zresztą bardzo trudne, będą spełnione. Natomiast w przypadku zagrożenia życia lub zdrowia jest on zwolniony od przestrzegania *kaszrut*. Tak samo zwolnione są od tego dzieci do lat trzech.

Regułom odżywiania jest poświęcona ogromna literatura. Problem nie jest łatwy i wymaga częstej konsultacji. Rabini pilnie studiują te zagadnienia, by móc rozstrzygać wiele skomplikowanych i często nieoczywistych spraw. Szczególnie w czasach współczesnych, w związku z wielkimi zmianami w technologii produkcji żywności, ilość i komplikacja problemów rośnie i rabini muszą nadążać za współczesną wiedzą i praktyką.

OBRZEZANIE

Obrzezanie jest bardzo starym obyczajem, znanym i stosowanym przez wiele ludów. W judaizmie jego historia liczy ponad cztery tysiące lat i związana jest z Abrahamem, ojcem religii żydowskiej. W Księdze Rodzaju jest napisane: „Przymierze moje, które zawieram między Mną a tobą oraz twoim potomstwem, będzie trwało z pokolenia w pokolenie jako przymierze wieczne (...) Wszyscy wasi mężczyźni mają być obrzezani: będziecie obrzezywali ciało napletka na znak przymierza waszego ze Mną. Z pokolenia w pokolenie, każde wasze dziecko płci męskiej, gdy będzie miało osiem dni, ma być obrzezane. Przymierze moje, przymierze obrzezania, będzie przymierzem na zawsze" (Rdz 17, 7-13). W nagrodę za wiarę w Boga Jedynego i wierność Jego przymierzu, którego znakiem było obrzezanie, Abraham i jego potomstwo mieli otrzymać ziemię Kanaan i przyrzeczenie, że staną się wielkim narodem. Żydzi przez wieki byli wierni temu zobowiązaniu, mimo że w okresach prześladowań niejednokrotnie ów znak Przymierza przypłacali życiem.

Obrzezanie (hebr. *brit mila* „przymierze obrzezania") jest zabiegiem polegającym na usunięciu chłopcu napletka, w ósmym dniu po urodzeniu. W czasach biblijnych dokonywał tego ojciec dziecka. Przypuszcza się jednak, że już od V w. p.n.e., tak jak dziś, dokonuje tego *mohel* w obecności *minjanu*. W czasach współczesnych w Izraelu i wielu krajach diaspory zabieg ten często jest wykonywany przez lekarza w klinice, w obecności rabina.

W środowiskach ortodoksyjnych Żydów rytuał obrzezania niewiele się zmienił i do dziś wygląda podobnie jak przed wiekami. Dokładnie przestrzegany jest termin ósmego dnia od urodzenia, nawet jeśli wypada ono w Szabat. W pierwszą sobotę po urodzeniu chłopca ojciec wydaje przyjęcie w gronie męskim, zwane *szalom zachar* („witaj mężczyzno"). W przeddzień obrzędu do dziecka przychodzi *mohel* i ocenia stan jego zdrowia. Jeśli ma ono gorączkę, żółtaczkę czy inną chorobę, obrzezanie odkłada się na ósmy dzień po zakończeniu choroby. *Brit mila* odbywa się w synagodze lub w domu, po porannym nabożeństwie *szacharit*. Powinny w nim uczestniczyć następujące osoby:

– *mohel*, mężczyzna który dokonuje rytualnego zabiegu. Zazwyczaj jest nim religijny Żyd posiadający niezbędne umiejętności do jego wykonywania. Często jest to lekarz lub *szochet*;

– *sandak*, mężczyzna, który trzyma dziecko w trakcie zabiegu obrzezania. Zaproszenie do pełnienia tej funkcji uważane jest za zaszczyt. Często jest to rabin lub ktoś znany ze swej bogobojności, czasami bywa nim dziadek chłopca. Osoba *sandaka* została wprowadzona do obowiązującego rytuału dość późno, ale pomimo to przywiązuje się do tego dużą wagę. W literaturze rabinicznej mężczyzna trzymający chłopca przyrównywany jest do ołtarza, na którym czyniona jest ofiara; – *kwater* i *kwaterina*, tj. kum i kuma; najczęściej funkcję tę spełnia bezdzietna para lub ojciec z córką albo matka z synem, lub brat z siostrą. Jest zwyczaj, że kobiety występujące w tej roli nie mogą być w stanie odmiennym; – rodzice dziecka.

Według tradycji, w uroczystości symbolicznie bierze udział jeszcze jedna postać – prorok Eliasz zwany Aniołem Przymierza. Dla niego stawia się obok fotela *sandaka* drugi fotel. Dawniej używano specjalnie na tę okazję konstruowanego podwójnego fotela zwanego fotelem Eliasza.

Gdy *kwater* wnosi dziecko do pokoju, zebrani powstają i mówią: *baruch ha-ba*, co oznacza: „błogosławiony, który przychodzisz". Jest to powitanie proroka Eliasza, który w tym momencie zasiada w przeznaczonym dla niego fotelu. Niosący dziecko kładzie je najpierw na fotel proroka, potem przenosi je na kolana *sandaka*. *Mohel* odmawia błogosławieństwo: „Błogosławionyś (...), który poświęciłeś nas przykazaniami swymi i poleciłeś nam obrzezanie". Po tych słowach *mohel* dokonuje zabiegu *brit mila*. Składa się on z trzech elementów: *mila*, *perija* i *mecica*. Według *halachy* (żydowskie prawa religijne), dwa pierwsze są obowiązujące, trzeci obecnie jest zastępowany opatrunkiem zaciskającym. Po dokonaniu obrzezania ojciec chłopca odmawia błogosławieństwo: „Błogosławionyś Wiekuisty, Królu nasz, który poświęciłeś nas przykazaniami swymi, który przykazałeś nam wprowadzić go do przymierza Abrahama, praojca naszego". Wszyscy obecni odpowiadają: „Jak został wprowadzony do Przymierza, tak niech będzie wprowadzony do Tory, pod ślubny baldachim i do dobrych uczynków". Jest to życzenie, by obrzezany chłopiec spełniał pilnie nakazy religijne (przestrzegał Tory) i wymogi społecznego życia (*chupa* i *cedaka* – hebr. „ślub" i „dobroczynność"). Następnie *mohel* odmawia błogosławieństwo nad winem i wymawia przy tym po raz pierwszy publicznie imię chłopca. Imię zwykle nadaje się po zmarłych przodkach, bliskich krewnych lub osobie religijnej, która dożyła późnych lat. Nawet wtedy gdy Żyd przybiera i posługuje się innym imieniem, to imię, które otrzymał przy obrzezaniu, używane jest we wszystkich ceremoniach religijnych, takich jak *alija* (wywoływanie w synagodze do odczytania *sefer Tora*), wspominanie w modlitwach *Izkor* i *Kadisz*, oraz w dokumentach religijnych: *ketuba* (kontrakt małżeński), *get* (list rozwodowy) i innych. Według wierzeń żydowskich, pod tym imieniem człowiek będzie wezwany do powstania z grobu w dniu zmartwychwstania. Nadanie imienia utożsamiane jest z uzyskaniem osobowości. Po błogosławieństwie nad winem *mohel* trzykrotnie zwilża usta chłopca winem, a następnie „bohater" zostaje odniesiony do mamy.

Obrzezaniu nie podlegali chorzy na hemofilię, mimo to pozostawali pełnoprawnymi członkami religijnej społeczności żydowskiej. Jedyne ograniczenie spotykało ich w czasach, gdy istniała jeszcze Świątynia, nie mogli bowiem w trakcie Pesach jeść paschalnego baranka. Żydzi już w czasach starożytnych potrafili dobrze zdiagnozować hemofilię. W II w. n.e. została dokładnie opisana w Talmudzie, podczas gdy w Europie tę chorobę rozpoznano dopiero w XVII w.

Gdy niemowlę rodziło się z krótkim napletkiem lub bez, wtedy *mohel* ograniczał się do symbolicznego wytoczenia kropli krwi.

Zwyczaj obrzezania był i jest znany innym narodom. W starożytnym Egipcie zarezerwowany był tylko dla wyższych klas społecznych, arystokracji i kapłanów. W wielu innych krajach był obrzędem inicjacji dokonywanym na kilkunastoletnich chłopcach. Czasami stawał się oznaką męstwa i waleczności i poddawali mu się młodzi mężczyźni biorący udział w wojnach. Biblia wspomina też o obrzezaniu zabitych wrogów, napletek stanowił wtedy trofeum wojenne; na przykład Dawid wręczył Saulowi trzysta napletków jako cenny dar za poślubienie jego córki Mikal. Obrzezywano też niewolników na znak ich zniewolenia i posłuszeństwa. Obecnie powszechnie dokonują obrzezania muzułmanie, ale też i ludzie niereligijni, w celach higienicznych i zdrowotnych, np. w USA. Dla Żydów obrzezanie było i jest rytuałem religijnym i oznaką wyróżniającą ich wśród innych narodów. Gdy chłopiec lub mężczyzna przechodzi na judaizm, obrzezanie jest warunkiem koniecznym. Jeśli mężczyzna ten już był obrzezany, np. jako muzułmanin, wytacza mu się, w celu spełnienia rytuału, kroplę krwi.

Choć od dawna znane było zdrowotne i higieniczne znaczenie obrzezania, zwłaszcza w gorącym klimacie, w niczym nie zmienia to jego znaczenia i przesłania religijnego. Żydzi drogo płacili w swej historii za przywiązanie do religii, której znakiem było, między innymi, właśnie obrzezanie. Za panowania Epifanesa (w II w. p.n.e.) matki obrzezanych dzieci karano śmiercią. W czasach terroru Hadriana (II w. n.e.) obydwoje rodzice ponosili śmierć za wykonanie tego zabiegu. Za panowania cesarza Teodozjusza (III w. n.e.), gdy chrześcijaństwo stało się oficjalną religią Cesarstwa Rzymskiego, grożono śmiercią lekarzom dokonującym tego zabiegu. W czasach najnowszych, w okresie II wojny światowej, na terenach okupowanych przez Niemców, obrzezanie oznaczało wyrok śmierci.

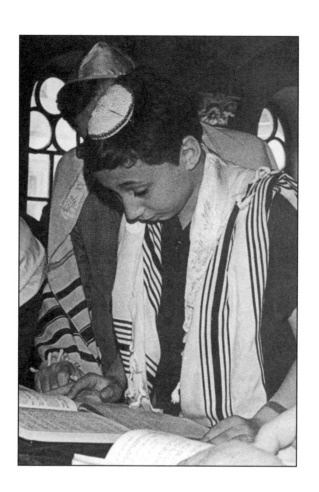

BAR MICWA

Bar micwa znaczy dosłownie „syn przykazania". Nazywa się tak nie tylko samą uroczystość, ale i chłopca, który ukończył trzynaście lat i jeden dzień. Według żydowskiego prawa religijnego, staje się on wówczas człowiekiem dorosłym. Oznacza to odpowiedzialność za swoje postępowanie, prawo do składania ślubów i przyrzeczeń, a przede wszystkim – odpowiedzialność za popełnione grzechy. Od tej chwili może on wchodzić w skład *minjanu*. Chłopiec stając się mężczyzną może zakładać *tefilin* do porannej modlitwy. Jego obowiązkiem staje się poszczenie w Jom Kipur i inne święta. Dawniej oznaczało to również pełną odpowiedzialność cywilną: mógł posiadać własny majątek, dowolnie nim dysponować, wolno mu także było wstępować w związki małżeńskie.

Uroczystość *bar micwa* odbywa się w synagodze – w pierwszą sobotę po ukończeniu przez chłopca trzynastu lat. Może również odbywać się w poniedziałek lub czwartek, jako że w te dni Tora odczytywana jest publicznie. Po porannym nabożeństwie (*szacharit*) chłopiec jest wzywany na bimę do odczytania odpowiedniego fragmentu Tory i Haftary. Wezwanie do czytaniaTory jest zawsze zaszczytem, i właśnie dlatego ten moment wybrany został, by oznajmić członkom gminy, że chłopca uznaje się za dorosłego. Po odczytaniu jego ojciec wygłasza formułę podziękowania Bogu za zdjęcie odpowiedzialności za grzechy popełniane przez syna.

Po nabożeństwie następuje skromny poczęstunek dla wszystkich obecnych w synagodze. Chłopcu i rodzicom składa się życzenia, a rabin lub inny ważny członek gminy wygłasza słowa zachęty, ale i napomnienia religijne mające pomóc młodzieńcowi w życiu; wspominane są także zasługi rodziców i dziadków.

Następnie uroczystość zostaje przeniesiona do domu chłopca. Podczas przyjęcia wygłasza on specjalnie na tę okazję przygotowane przemówienie. Najczęściej jest ono osnute wokół wygłoszonego fragmentu Tory lub Talmudu. Ma dowodzić uczoności i inteligencji chłopca. Żydzi zawsze bardzo wysoko cenili biegłość w literaturze religijnej i dobrą znajomość prawa. Człowiek, który posiadł taką wiedzę, cieszył się w społeczności dużym szacunkiem i autorytetem i zazwyczaj piastował w gminie wysokie godności. W swojej mowie chłopiec zwykle dziękuje nauczycielom i bliskim. Potem odbiera życzenia i prezenty. Najważniejszym podarkiem jest *tefilin*, symbol jego samodzielności duchowej. *Tefilin* są to dwa czarne, skórzane pudełeczka, do których przymocowane są długie rzemyki. Wewnątrz pudełka umieszczone są zwitki pergaminu z wypisanymi ręcznie czterema fragmentami Tory, z Księgi Wyjścia (13, 1 i 13, 11-16) i Księgi Powtórzonego Prawa (6, 4-9 i 13, 21). Zawierają one, między innymi, jedną z najważniejszych modlitw – *Szma Israel*. Pierwszy jej werset brzmi: *szma israel, adonaj elohejnu, adonaj echad*, znaczy to: „Słuchaj Izraelu, Pan jest Bogiem naszym, Pan jest Jeden". Werset ten stanowi credo judaizmu. Z tymi słowami na ustach szli na śmierć żydowscy męczennicy wszystkich czasów. *Tefilin* zakłada się do porannej modlitwy codziennie oprócz sobót. Jedno z pudełeczek przywiązuje się na lewym ramieniu, drugie nieco powyżej czoła – zgodnie ze słowami: „przywiążesz je jako znak do swojej ręki i będą jako przepaska między oczyma twoimi" (Pwt 6, 8). Z obowiązku ich zakładania zwolnieni są tylko mężczyźni chorzy i pogrążeni w żałobie po śmierci najbliższych. Nie zakłada się też *tefilin* w Tisza be-Aw, rocznicę zburzenia Świątyni Jerozolimskiej.

Bar *micwa* jest zarówno uroczystością religijną, jak i świętem rodzinnym. Często towarzyszą mu wystawne bankiety, a prezenty czasami dorównują wartością prezentom ślubnym. *Bar micwa* nie jest starym obrzędem, zapoczątkowany został mniej więcej w XIV w.

Bar micwa miał charakter powszechny – mógł doń przystąpić każdy Żyd. Wiedza niezbędna do odczytywania Tory i wygłoszenia wykładu była wiedzą ogólnodostępną. Chłopcy rozpoczynali naukę w wieku trzech, czterech lat. Osiągając trzynasty rok życia, umieli czytać i pisać po hebrajsku, znali prawo żydowskie, szeroko pojętą literaturę religijną – od Tory poczynając, poprzez Misznę, Gemarę, a na literaturze rabinicznej kończąc. Znajomość prawa była gwarantem odpowiedzialności i świadomego uczestnictwa w życiu społecznym. Trzynastoletni chłopcy żydowscy stawali się pełnoprawnymi, odpowiedzialnymi członkami gminy. *Bar micwa* jest wkładem judaizmu w koncepcję powszechnej odpowiedzialności społecznej. Oznaczał to, co dzisiaj określamy jako pełnoletność i związane z nią prawa i obowiązki obywatelskie.

Według religijnego prawa żydowskiego dziewczynki uzyskują dojrzałość po ukończeniu dwunastego roku życia i jednego dnia. Nie towarzyszy temu żaden obrzęd. Od XIX w. coraz częściej jednak obchodzi się uroczystość *bat micwa*, czyli „córka przykazania". W niemieckich gminach reformowanych była to konfirmacja dziewcząt, które ukończyły kursy z zakresu religii i etyki żydowskiej. W czasie nabożeństwa ogłaszano przyjęcie ich do dorosłej społeczności gminy, odczytując ich imiona. *Bat micwa* najczęściej ma miejsce w czasie święta Szawuot. Obecnie *bat micwa* przyjęła się nawet w środowiskach ortodoksyjnych. Uroczystość organizowana jest zazwyczaj w synagogach dla całych grup dziewcząt. Przy tej okazji sadzi się sosny. Gdy drzewo się rozrośnie, z jego gałęzi zrobione zostaną drążki do ślubnego baldachimu, pod którym dziewczęta będą zawierały związki małżeńskie.

ŚLUB

Już w starożytności Żydzi bardzo wysoko cenili instytucję związku małżeńskiego. Uważali, że mężczyzna związany z kobietą tworzy pełnię, którą można nazwać pełnią człowieczeństwa. W Księdze Rodzaju jest napisane: „Jako mężczyznę i niewiastę stworzył ich oraz błogosławił i nazwał ich Adam, gdy zostali stworzeni" (Rdz 5, 2); słowo *adam* w Biblii znaczy „człowiek". Małżeństwo uważane było za stan jak najbardziej wskazany. Nieżonaci mężczyźni i niezamężne kobiety nie cieszyli się szacunkiem. Uważano, że należy nawet sprzedać zwój Tory, jeśli okazałoby się to niezbędne dla zdobycia pieniędzy na ślub.

Wybór żony uznawano jednakże za rzecz arcytrudną. Przestrzegano przed pochopnymi decyzjami: „Spiesz się przy kupowaniu ziemi, żonę wybieraj powoli", co według Talmudu znaczyło, że należy zwracać uwagę na rodzinę wybranki, a szczególnie na charakter jej braci. Nade wszystko cenione były córki uczonych: „Sprzedaj wszystko, co posiadasz, ale żeń się z córką uczonego". Wysoko ceniona była także uroda dziewcząt. Nie pochwalano natomiast dużej różnicy wieku pomiędzy małżonkami.

W Talmudzie powiada się, że dobrze dobrana para równa jest cudowi przejścia Żydów przez Morze Czerwone. Rabi Josef ben Chalafta zapytany, czym zajmuje się Bóg od czasu, gdy stworzył świat, odpowiedział: kojarzeniem małżeństw. Zgodnie z wiarą dokonuje się ono w czasie pierwszych czterdziestu dni życia embrionu (Talmud, Berachot 67). Jest to jednak dobór potencjalny. Ludzie ci w dorosłym życiu muszą się odnaleźć, rozpoznać i dopiero wtedy zdarza się cud!

Znamienny jest fakt, że w języku hebrajskim słowo „poślubieni" jest identyczne ze słowem „uświęceni" – *kidduszim*. Świadczy to o głęboko religijnym stosunku Żydów do stanu małżeńskiego. Aktem ślubu „on (mąż), czyni ją (żonę) w taki sposób nietykalną dla świata, jak przedmiot święty" (Talmud, Kidduszim 2, 8). Staje się więc zrozumiałe, dlaczego prorocy często nazywali związek Boga z Izraelem związkiem Oblubieńca i Oblubienicy. Również stosunek Izraela do Tory w literaturze talmudycznej przedstawiano w sposób alegoryczny jako poślubienie Tory Izraelowi.

Obowiązkiem religijnego Żyda było ożenić się i mieć dzieci – tak nakazuje Biblia: „Rozradzajcie się i rozmnażajcie się, i napełniajcie ziemię, i czyńcie ją sobie poddaną" (Rdz 1, 28). Żyd nie spełniający tego nakazu traktowany był przez Talmud jak ten, który „(...) dokonał rozlewu krwi, pomniejszył obraz Boga, na którego podobieństwo jest stworzony każdy człowiek, i spowodował, że Bóg przestał być obecny w Izraelu".

Jednakże judaizm nie uważał małżeństwa za instytucję powołaną wyłącznie dla spełniania obowiązków prokreacji. Czerpanie rozkoszy z pożycia małżeńskiego było również zgodne z nauką Tory i Talmudu. Ceremoniał ślubny odbywał się tak, jak nakazuje prawo i obyczaj żydowski. Obyczaje bywały różne w zależności od epok i krajów zamieszkiwanych przez Żydów. Nas interesują obyczaje panujące wśród polskich Żydów z niedalekiej przeszłości, z czasów przed Zagładą.

Za najlepszą porę do zawierania ślubów uważano początek lub koniec sezonu rolniczego, jako że wesela trwały często kilka dni. Za odpowiednie dni na urządzanie tej uroczystości uważano wtorek lub piątek. Wtorek dlatego, że przy tworzeniu świata Bóg trzeciego dnia wypowiedział dwukrotnie „jest dobrze" (Rdz 1, 9-13). Piątek zaś dlatego, że tego dnia Bóg stworzył człowieka. Istotny był też fakt, że piątek to początek Szabatu, więc biedni mogli jednocześnie świętować dwie uroczystości na raz. Nie należało brać ślubu podczas trwania żałoby i postów: trzydzieści dwa omery (marzec-kwiecień), trzy tygodnie od 17 tamuz do 9 aw (czerwiec-lipiec), dziesięć dni Jamim Noraim (sierpień-wrzesień). To samo odnosiło się do okresu trzydziestu dni po śmierci bliskich krewnych. Nadto wdowiec powinien był przeczekać trzy święta, chyba że po śmierci żony pozostał z małymi dziećmi.

Małżeństwa często zawierano w młodym wieku. Kojarzeniem par na ogół zajmował się swat, w jidisz zwany *szadchen*. Swatanie było dochodowym zajęciem, przynosiło od półtora do dwóch procent sumy stanowiącej posag panny młodej. W rodzinach bardzo religijnych młodzi często w ogóle się nie znali, nie było też mowy o tak zwanym „chodzeniu" ze sobą. To swat przeprowadzał decydujące rozmowy z rodzicami i dopiero po nich zarządzano „oględziny", po żydowsku zwane *ankuk*, podczas których młodzi mogli, często po raz pierwszy, się obejrzeć. Mieli możliwość odrzucić ofertę. Jeśli tego nie uczynili, swat ustalał i spisywał z rodzicami warunki wstępne, zwane po hebrajsku *tnaim riszonim*. W umowie uzgadniano wysokość posagu narzeczonej, majątek wnoszony przez narzeczonego, datę ślubu. Podpisywano zobowiązanie mówiące, u którego z rodziców i jak długo młodzi będą mieszkać po ślubie. Młodemu małżeństwu na ogół zapewniano pełny wikt na okres roku lub dwóch lat oraz mieszkanie na cztery lata u rodziców jednej lub drugiej strony. Sam obrzęd ślubu żydowskiego nie ma charakteru ani ściśle urzędowego, ani religijnego. Aby był prawomocny, musiał się odbyć publicznie, powinno się też sporządzić dokument zwany *ketubą*, podpisany przez dwóch świadków. *Ketuba* jest moralnym i materialnym zabezpieczeniem żony, zagwarantowanym jej przez męża. Do dziś jest spisywana po aramejsku – w języku, który był powszechnie używany przez Żydów w czasach talmudycznych. Tekst *ketuby* tłumaczono i odczytywano w języku miejscowym, w Polsce był to jidisz. Chodziło o to, by rozumieli go wszyscy uczestnicy ceremonii. Dokument zawierał dokładną datę ślubu, liczoną według kalendarza żydowskiego i według kalendarza aktualnie używanego w danym kraju. Dokładnie określano miejscowość, w której odbywał się ślub. Często umieszczano nazwę najbliższej rzeki. Kiedyś, gdy Żydzi nie posiadali nazwisk, podawano imiona rodziców, dziadków i ich przydomki. *Ketuba* zawierała formułę, w której narzeczony prosi o rękę narzeczoną, precyzowała warunki i zobowiązania, jakie brał na siebie przyszły mąż. Podana była w niej suma posagu dziewczyny, który był jej zabezpieczeniem materialnym na wypadek rozwodu. Zgodnie ze zwyczajem, mąż gwarantował żonie mieszkanie, utrzymanie i opiekę. Brał na siebie obowiązek wykupienia jej z niewoli lub więzienia. Przyrzekał godny pochówek. Zapewniał też prawo dziedziczenia dla synów z ich związku, a córkom prawo pobytu w domu ojca aż do wyjścia za mąż. Tak brzmi fragment tego dokumentu w tłumaczeniu na polski: „a ja będę dla ciebie pracował, będę cię szanował, utrzymywał według zwyczajów mężów judejskich i będę z tobą żył, jak to jest przyjęte w naszym świecie. I biorę odpowiedzialność na siebie i na moich spadkobierców, żeby uzyskać większy majątek, niż posiadam dotychczas (...) i wszystko kładzie się na moje barki, póki żyję i po mojej śmierci". Rodowód *ketuby* jest bardzo stary. Prawie identycznie brzmiące fragmenty podobnego dokumentu odnaleziono wśród aramejskich papirusów z Elefantyny pod Assuanem, pochodzące z V w. p.n.e. W przeszłości akt ślubu bogato zdobiono w ornamenty i obrazki. Dbano, by nie było żadnych wolnych miejsc, żeby niczego nie można było do nich dopisać. *Ketuba* była i jest gwarancją majątku kobiety i jej statusu prawnego.

W ostatnią sobotę przed ślubem pana młodego uroczyście wprowadzano do synagogi, gdzie zajmował honorowe miejsce, bliżej wschodniej ściany. Następnie wzywano go do odczytania Tory. Kobiety modlące się na balkonach i galeryjkach obrzucały go rodzynkami i migdałami – na szczęście. Po południu odbywały się przyjęcia dla przyjaciół, wieczorki kawalerskie i panieńskie.

W dniu ślubu młodych obowiązywał post, a w trakcie popołudniowego nabożeństwa – spowiedź *Al chet*, tak jak w Jom Kipur, po to, by młodzi weszli w nowe życie czyści i bezgrzeszni.

Jeśli pan młody pochodził z innego miasta, na rogatkach lub dworcu witał go orszak młodzieńców i prowadził do domu oblubienicy. Tam witała go matka narzeczonej. Przyszła teściowa obdarowywała go najczęściej kitlem i tałesem. Kitel (biała rytualna koszula) powinien pan młody włożyć pod *chupę*, później miał go też zakładać w czasie świąt Rosz ha-Szana i Jom Kipur oraz – już jako głowa rodziny – na seder w Pesach i wreszcie, zgodnie z tradycją, musiał być w nim pochowany. Tałes (hebr. *talit*) to szal modlitewny z frędzlami, po hebrajsku zwanymi *cicit*. Tałes nosi się w synagodze podczas

113

nabożeństwa, zgodnie z biblijnym zaleceniem: „niech sobie zrobią frędzle na skrajach szat swoich (...) gdy na nie spojrzycie, przypomnicie sobie wszystkie przykazania Pana, aby je wypełniać" (Lb 15, 38-39). Tradycjonaliści żydowscy noszą na co dzień *talit katan*, czworokątną kamizelkę z frędzlami, która jest jakby zmniejszoną odmianą tałesu. Ale wracając do narzeczonego: sadzano go na honorowym miejscu, pito, żartowano. Rej wodził *badchan*, który na tę okazję układał śmieszne, często sprośne piosenki i wołał co chwila: *chatan dome le-melech* (narzeczony przypomina króla!), by zebrani rzucali pieniądze na tacę. Równocześnie w innym pokoju kobiety rozplatały narzeczonej włosy, śpiewając przy tym i płacząc wraz z nią. W pewnej chwili wchodził narzeczony i narzucał woalkę na głowę swojej oblubienicy. Ten stary zwyczaj wprowadzono po to, by pan młody mógł się upewnić, kogo mu przyprowadzą pod baldachim. Niewykluczone, że zaważyła na tym biblijna historia Jakuba, który nie rozpoznał w zawoalowanej kobiecie Racheli i ożenił się z podstawioną zamiast niej Leą.

W ortodoksyjnych środowiskach dziewczętom po ślubie ścinano włosy, a często nawet golono głowy. Jako mężatki nosiły peruki. Ani w czasach biblijnych, ani talmudycznych takiego zwyczaju nie było. Odnotowano go dopiero w późnym średniowieczu, a rozpowszechniony został przez Żydów niemieckich. Młodzi powinni mieć na sobie nowe ubrania. Obowiązywał kolor biały, i to zarówno kobietę, jak i mężczyznę. Był on symbolem niewinności i czystości, ale także skruchy i pokuty. Narzeczona powinna zasłonić twarz welonem. Welon też ma zapewne dla Żydów szczególne znaczenie, gdyż wspomniany jest w Biblii (Rdz 24, 6-5) przy okazji pierwszego spotkania Rebeki z Izaakiem. Kiedyś uważano, że jest on parawanem chroniącym narzeczoną od „złego oka", ponieważ szczególnie ona była narażona na prowokacje złych duchów.

Ceremonia odbywała się za dnia, przed zmrokiem, często na

dziedzińcu przy synagodze, pod *chupą*. *Chupa* to baldachim wsparty na czterech drążkach – po hebrajsku słowo to oznacza także ślub. Swat w towarzystwie krewnych uroczyście wprowadzał narzeczonego pod *chupę*. Drugi orszak z muzyką i śpiewem prowadził narzeczoną. Wraz z matką i teściową siedmiokrotnie obchodziła *chupę*, nim stanęła obok narzeczonego. Chodzenie dokoła to echo bardzo starego zwyczaju, zwanego „braniem w posiadanie". Tak czyniono kiedyś obejmując na własność ziemię. Ten obyczaj wskazuje, że w czasach starożytnych „nabywanie żony" uważano za transakcję handlową. Następnie rabin lub inny pobożny, dorosły mężczyzna odmawiał błogosławieństwo nad winem. Narzeczeni upijali z kielicha po łyku. Pan młody wkładał narzeczonej na wskazujący palec prawej ręki pierścionek i mówił: *harej at mekudeszet li ke-dat mosze we-israel*: „oto jesteś mi poślubiona zgodnie z wiarą Mojżesza i Izraela". Następowało odczytanie ketuby. Przed i po odczytaniu dokumentu odmawiano błogosławieństwa. W trakcie ceremonii wypowiadano ich siedem, za każdym razem czyniła to inna osoba: ojcowie młodych, dziadkowie lub po prostu ci, którzy cieszyli się poważaniem i szacunkiem.

Na zakończenie państwo młodzi wypijali wspólny kielich wina, po czym kielich tłuczono. Robił to albo pan młody, albo oboje. Gest ten miał przypominać zburzenie Świątyni Jerozolimskiej. Także w radosnych momentach życia Żydzi pamiętali o smutnym losie swego narodu. Zawsze wyrażali żal za utraconym krajem, zawsze tęsknili za Jerozolimą. Zebrani składali życzenia *mazel tow*, (dosłownie znaczy to „dobra gwiazda"), co miało oczywiście oznaczać pomyślność. Młodych obrzucano ziarnami pszenicy, orzechami lub ryżem; towarzyszyły temu okrzyki: „rozradzajcie się, mnóżcie się!"

Po powrocie do domu młodzi zjadali swój pierwszy posiłek, *gold jojn*, co w jidisz znaczy „złoty rosół". Pan młody wygłaszał *daraszę*, krótki wykład talmudyczny na miarę swoich możliwości intelektualnych. Goście wręczali prezenty i rozpoczynały się tańce. Wśród chasydów mężczyźni i kobiety tańczyli osobno. Tylko panna młoda mogła tańczyć ze swym mężem, wolno jej było też zatańczyć z ojcem i teściem. Taniec ten zwał się *micwa tanc*. Nocą młodzi udawali się do sypialni, a goście bawili się dalej, czasami nawet przez kilka dni. Małżeństwa żydowskie cieszyły się dobrą opinią. Obopólny szacunek, poczucie obowiązku oraz świętości związku cementowały je, czyniąc opoką w trudnych czasach. Rodzina była gwarantem ciągłości tradycji. W niej realizowano życie zgodnie z nakazami Tory.

ŚMIERĆ I POGRZEB

„Wrócisz do ziemi, z której zostałeś wzięty, bo prochem jesteś i w proch się obrócisz" – te słowa pochodzą z Księgi Rodzaju (3, 19). Pogrzeb miał za zadanie ułatwić to, co i tak miało się stać. Zmarłych grzebano w poświęconej ziemi. Nie pochwalano kremacji, gdyż kłóciło się to z wiarą w zmartwychwstanie i oczekiwaniem zmarłych na przyjście Mesjasza. W czasach biblijnych zmarłemu tuż po śmierci zamykano oczy, a ciało zawijano w całun i kładziono na mary, proste, nie heblowane deski. Ciało grzebano w pozycji leżącej. Nie było zwyczaju palenia ani balsamowania zwłok. Z pochówkiem spieszono się, ze względu na gorący klimat. Nie wolno było tego jednak czynić w Szabat ani w czasie świąt. Zmarłego na miejsce spoczynku odprowadzał kondukt pogrzebowy, towarzyszyły mu płaczki i muzykanci. Najbliżsi krewni na znak żałoby posypywali sobie głowy popiołem, rozdzierali też wierzchnie szaty. Dom, w którym ktoś zmarł, przez siedem dni uważano za nieczysty. Dla jego mieszkańców oznaczało to zakaz uczestniczenia w nabożeństwach świątynnych. Za czasów panowania króla Salomona w Jerozolimie wśród wielu bram miejskich znajdowała się brama dla żałobników. Stali w niej osieroceni krewni zmarłego, przyjmując kondolencje i słowa pocieszenia.

W czasach nowożytnych obrządek pogrzebowy Żydów niewiele się zmienił. Czuwanie przy łożu ciężko chorego było obowiązkiem zarówno moralnym, jak i religijnym. Przy śmiertelnie chorym modlono się, starano się przynieść mu ulgę, uważając bardzo, by nie wypowiedzieć przy tym słowa „śmierć". Kopanie grobu jeszcze za życia umierającego uważano za równe morderstwu.

W chwili stwierdzenia zgonu zmarłemu zamykano oczy i kładziono na nie gliniane skorupki z rozbitego naczynia. Napisane jest w Księdze Przysłów: „Szeol i zatrata niesyte, niesyte i oczy człowieka" (Prz 27, 20). W Talmudzie zaś: „każdy człowiek ma za życia zawiść w oczach, wzrokiem zazdrości i pożąda. Nic, nawet po śmierci, nie jest w stanie uspokoić oczu. Trzeba zaś, by zmarły wyzbył się doczesnych pragnień, a tylko wtedy kończą się nasze pragnienia, gdy się oczy zakryje" (Tamid 32). Zmarłego kładziono zwykle na podłodze, na podściółce ze słomy lub piasku. U wezgłowia stawiano zapalone świece lub lampkę – ich światło było symbolem duszy zmarłego. Od tego momentu całym pochówkiem zajmowała się Chewra Kadisza (hebr. „święte bractwo"), czyli bractwo pogrzebowe. Przynależność do niego była nieodpłatna i dobrowolna, członkostwo (obojga płci) uważano za zaszczyt i honor. Do zadań świętego bractwa należało zapewnienie wszystkim mieszkańcom gminy pogrzebu zgodnego z tradycją żydowską. Jego członkowie opiekowali się chorymi i starali się czuwać przy nich w godzinie śmierci. Zajmowali się wszystkim, co dotyczyło przygotowania zwłok do pochówku. U Żydów do dzisiaj, niezależnie od szerokości geograficznej, jest zwyczaj jak najszybszego grzebania zmarłych. Pospiesznie wykonywano więc kilka czynności naraz: mycie zwłok, robienie trumny, kopanie grobu. Trumna powinna być wykonana z nie heblowanych desek, bez gwoździ. Składano ją i stawiano bezpośrednio przy grobie, zwłoki zaś przynoszono na marach.

Jak przed tysiącami lat, na miejsce wiecznego spoczynku zmarłego odprowadzał kondukt pogrzebowy. Na czele orszaku szli członkowie Chewra Kadisza, krewni, przyjaciele, znajomi, zawodowe płaczki, czasami muzycy. Krewni zmarłego na znak żałoby nadrywali swoje ubrania, najczęściej przy kołnierzu, na długość 3-5 cm. Nieboszczyka chowano w grobie nie zabudowanym, pojedynczym. Mężczyzn ubierano w kitel, a pod głowę wkładano tałes z obciętymi frędzlami z jednego rogu na znak, że zmarły nie jest już w stanie spełniać przykazań. Po opuszczeniu ciała do grobu zebrani mówili: *baruch dajan emet*, co znaczy: „błogosławiony niech będzie Sędzia Prawdy". Starano się, aby pierwszą garścią rzuconej ziemi na trumnę była ziemia z Palestyny, dzięki czemu można było uważać, że zmarłego pochowano w Ziemi Świętej. Po zasypaniu grobu syn zmarłego w obecności *minjanu* odmawiał *kadisz jatom* (kadisz sierocy). Jeśli zmarły nie miał syna, *kadisz* mógł być odmówiony przez krewnego lub przyjaciela. Zdarzało się, że czynił to ktoś zupełnie obcy zmarłemu. *Kadisz* jest modlitwą wygłaszaną w języku aramejskim; wysławia Boga, zawiera także prośby o pokój i szczęśliwe życie. *Kadisz* nie zawiera słów żalu czy rozpaczy. Religijny Żyd – pomimo osobistej tragedii – zawsze pamięta, że wszystko jest w ręku

Boga: i życie, i śmierć. Nawet w wielkim bólu, po stracie najbliższych, poddaje się wyrokom Boskim, wierzy w sens i sprawiedliwość tego, co nie zawsze może pojąć. Dla uhonorowania zmarłego i wzruszenia jego krewnych wygłaszano też *hesped* (hebr. „pochwała"). Na przykład słynny *hesped* Dawida po śmierci Saula i jego syna Jonatana, którego pierwsze słowa brzmią: „Chluba twoja, o Izraelu, na twoich wzgórzach poległa, jakże padli bohaterzy!" Po pogrzebie urządzano stypę. Do tradycyjnych dań należała soczewica i jajka na twardo. W wierzeniach żydowskich jajko symbolizuje żałobę, jego krągłość wyobraża bowiem cykl życia i śmierci.

Po śmierci Żyda bliskich krewnych obowiązywała żałoba, której długość i intensywność zależała od stopnia pokrewieństwa. Jeżeli żałobnik był dzieckiem zmarłego, współmałżonkiem, rodzicem lub należał do rodzeństwa, to przez siedem dni po pogrzebie przestrzegał ciężkiej żałoby zwanej *sziwa*. Przez 7 dni w domu nie zapalał świateł, zasłaniał lustra, siedział na niskich taboretach. Nie nakładał skórzanego obuwia, nie golił się i nie strzygł. Unikał wychodzenia z domu, nie powinien był wykonywać żadnej pracy. Na czas żałoby przerywał nawet studiowanie Tory. W kręgach ortodoksyjnych przyjęte było podczas nabożeństw w domu żałoby czytanie rozdziału Miszny na cześć duszy zmarłego (z przestawienia liter słowa *miszna* można uzyskać wyraz *neszama*, „dusza"). Czytano też Księgę Hioba, Treny Jeremiasza, modlono się. Przez czas żałoby sąsiedzi i przyjaciele dbali o jedzenie, opiekowali się dziećmi. Osierocone rodziny należało odwiedzać, by je pocieszać i udzielać praktycznej pomocy. *Sziwę* można było przerwać tylko w Szabat lub święta, gdyż wtedy nie wolno publicznie okazywać żałoby.

Po tygodniu rozpoczynał się okres lżejszej żałoby, *szloszim* (hebr. „trzydzieści"), trwający 30 dni, licząc od dnia pogrzebu.

Nadal nie wolno było się strzyc ani golić, ani nosić nowych ubrań. W tym okresie nie wolno było się żenić ani uczestniczyć w radosnych uroczystościach. Nie należało też rozpoczynać nowej pracy i nowych interesów. W synagodze najbliżsi krewni zmarłego zwyczajowo stawali na końcu, bliżej drzwi.

W przypadku śmierci rodziców żałoba trwała cały rok, z tym że przez jedenaście miesięcy najstarszy syn odmawiał codziennie w synagodze *kadisz*. Okres jedenastu miesięcy wynikał z wierzeń żydowskich, wedle których zatwardziali grzesznicy po śmierci idą na rok do *szeolu* (świata podziemnego). By nie stworzyć wrażenia, iż zmarłego uważa się za takiego grzesznika, *kadisz* odmawiano krócej niż rok. Żałoba obowiązywała też po śmierci wielkich ludzi narodu. W Biblii mamy przykłady żałoby po Mojżeszu i Aaronie: „(...) opłakiwali synowie izraelscy Mojżesza na stepach moabskich przez trzydzieści dni, potem minęły dni płaczu i żałoby po Mojżeszu" (Pwt 34, 8). „A gdy cały zbór zobaczył, że Aaron nie żyje, opłakiwał Aarona cały dom Izraela przez trzydzieści dni" (Lb 20, 29).

Polacy nazywali cmentarz żydowski *kirkutem* (od niem. *Kirchhof*), jeszcze dawniej nazywali go okopiskiem. Ta stara nazwa wzięła się stąd, że kiedyś był on otaczany wałem ziemnym. Żydzi nazywają cmentarz *bet olam* – „dom wieczności", *bet chajim* – „dom życia" lub *bet kwarot* – „dom grobów". Cmentarz żydowski miał specyficzny wygląd. Stały na nim pionowe płyty kamienne, na których widniały hebrajskie inskrypcje. Często były zdobione płaskorzeźbami pełnymi bogatej symboliki. Płyta nagrobna po hebrajsku nazywa się *macewa*. Z braku miejsca, ponieważ dzielnice, w których mieszkali Żydzi (getta), miały ustalone granice i mimo upływu lat nie zwiększały swego obszaru, cmentarze musiały pomieścić ogromną ilość grobów. Stąd macewy na starych cmentarzach stoją blisko siebie, w dużym zagęszczeniu. Wielkim uczonym i cadykom stawiano na cmentarzu tak zwany *ohel*. Jest to rodzaj grobowca w formie małego, prostego domku wykonanego z kamienia lub drewna. Wewnątrz *ohelu* umieszczano nagrobki. *Ohele* do dziś są często odwiedzane. Żydzi zapalają na nagrobkach świeczki, kładą kamienie. Kładzenie kamieni na grób nie ma jasnej interpretacji – być może jest obyczajem starożytnym, pochodzącym z czasów, gdy groby oznaczano kamieniami. Odwiedzający kładą też na grób *kwitlech* – kartki zawierające prośby do Boga. Według wierzeń żydowskich pośrednictwo ludzi niezwykłych pomaga w spełnianiu próśb kierowanych do Boga. W Polsce kobiety chowano w oddzielnych kwaterach. Ale zwyczaj ten nie jest powszechny ani stary, odnotowuje się go od około XVI wieku.

W rocznicę śmierci (*jarcajt*) odwiedzano groby krewnych, przede wszystkim zaś rodziców. *Jarcajt* obchodzono zgodnie z datą kalendarza żydowskiego. Odmawiano *kadisz* i zapalano świecę, która powinna była płonąć przez 24 godziny, przypominając, że „lampą Pańską jest duch człowieka" (Prz 20, 27). Niektórzy tego dnia pościli. Groby odwiedzano także zwyczajowo w rocznicę zburzenia Jerozolimy 9 aw (lipiec-sierpień) i w miesiącu elul (sierpień-wrzesień), poprzedzającym Rosz ha-Szana.

Żydzi uważali cmentarz za miejsce rytualnie nieczyste. Po opuszczeniu go należało umyć ręce. Zwykle niedaleko bramy znajdują się studnie i krany. Na cmentarzu nie wolno było nosić tałesu, *tefilin* i nie wolno było czytać Tory. Żydom-kohenom, potomkom rodów kapłańskich, nie wolno było przebywać na cmentarzu, chyba że pogrzeb dotyczył bliskich krewnych. Podczas pogrzebu musieli oni stać osobno, w dużej odległości od grobu.

Obraza czy naruszenie zwłok uważane było za ciężkie przestępstwo. Nienaruszalność grobu to jedna z ważniejszych zasad religii żydowskiej, w której obowiązuje nawet zakaz ekshumacji zwłok. Grób określano. mianem „zamkniętego zamku". Często do mogiły wkładano symboliczną kłódkę:

„Zmarły odszedł z tego świata do drugiego i ten świat, w którym żył, jest dla niego zamknięty na kłódkę" – tak mówi Talmud (Ketuba 17). Cmentarz dla Żydów jest miejscem świętym, święte jest zwłaszcza to, co kryje ziemia – prochy przodków. W stanie nienaruszonym powinny oczekiwać one nadejścia Mesjasza. Kiedy nadejdzie ten dzień, umarli zmartwychwstaną, na świecie zapanuje pokój, a Bóg powoła przed tron swój naród wybrany i odda mu sprawiedliwość.

KRÓTKA CHRONOLOGIA
DZIEJÓW
STAROŻYTNEGO IZRAELA

XX-XVII w. p.n.e. – okres patriarchów: Abrahama, Izaaka, Jakuba

Abraham przybył wraz z rodziną do ziemi Kanaan. Tam w mieście Sychem zawarł przymierze z Bogiem: w zamian za wierność i wiarę Bóg obiecał Abrahamowi opiekę oraz ziemię Kanaan. Znakiem tego przymierza stało się obrzezanie, zwyczaj obowiązujący religijnych Żydów do dziś. Abraham uważany jest za ojca religii hebrajskiej. Wnuk Abrahama, Jakub, miał dwunastu synów. Dali oni początek dwunastu plemionom, z których powstał naród żydowski. Jakub otrzymał imię Izrael i uważany jest za ojca narodu żydowskiego.

XVII-XIII w. p.n.e. – pobyt Żydów w Egipcie

Józef, syn Jakuba, został wysokim urzędnikiem w Egipcie. Sprowadził ojca z braćmi, którzy osiedlili się w prowincji Goszen. Przez prawie czterysta lat Żydzi cieszyli się pełną swobodą. W czasie panowania faraona Ramzesa XII (połowa XIII w. p.n.e.) sytuacja radykalnie się zmieniła: Izraelici utracili wszelkie prawa i stali się niewolnikami, których zmuszano do ciężkich prac przy budowie warownych miast Ramzes i Piton.

W tym czasie urodził się Mojżesz – natchniony przywódca i wielki prawodawca, który spędził czterdzieści lat na dworze faraona.

1280-1200 (?) r. p.n.e. – zbrojne wyjście Żydów z Egiptu pod wodzą Mojżesza i wędrówka po pustyni

Dokonał się jedyny na taką skalę w dziejach starożytnych udany bunt niewolników, który przerodził się w równie skuteczną ucieczkę. Niewolnikom żydowskim przewodził Mojżesz. Liczbę ludzi biorących udział w exodusie szacowano na około 600 tysięcy.

Na początku długiej, bo mającej trwać 40 lat wędrówki zostało zawarte Przymierze pomiędzy Bogiem a narodem Izraela. Na górze Synaj Mojżeszowi została objawiona Tora. Jej symbolem stają się dwie tablice z wyrytym na nich Dekalogiem.

Izraelici pod wodzą Jozuego podbijają ziemię Kanaan.

1200-1010 r. p.n.e. – epoka sędziów

Wszystkie pokolenia osiedlają się w ziemi Kanaan. Przywódcy poszczególnych pokoleń byli nazywani sędziami. Najbardziej znane postaci z tej epoki to: prorokini Debora, Jefte, Samson i Gideon.

1010-926 r. p.n.e. – epoka królów

Saul (1010-1006 r. p.n.e.) został namaszczony przez proroka Samuela i stał się pierwszym królem żydowskim. Zjednoczył dwanaście plemion; zginął w walce z Filistynami. Dawid (1006-966 r. p.n.e.) był następcą Saula. Zdobył Jerozolimę i uczynił z niej stolicę i Miasto Święte. Udało mu się połączyć w swoich rękach władzę królewską i kapłańską. Za jego panowania Izrael zajmował największe terytorium w swoich dziejach. Dawid był świetnym wodzem, a jednocześnie wspaniałym poetą-psalmistą i muzykiem. Salomon (966-926 r. p.n.e.), budowniczy Świątyni Jerozolimskiej, pałaców królewskich, warownych miast: Chazor, Megido, Gezer. Za jego panowania Izrael osiąga największy w historii swej państwowości rozkwit gospodarczy. Salomon prowadził handel międzynarodowy na wielką skalę, zbudował flotę, utrzymywał silną armię. Cieszył się wielką sławą jako mędrzec i sędzia.

926 r. p.n.e. – rozpad zjednoczonego królestwa

Po śmierci Salomona nastąpił podział królestwa na część północną zwaną Izraelem, zamieszkaną przez dziesięć plemion, i część południową zwaną Judą, zamieszkaną przez dwa plemiona: Judy i Beniamina.

129

926-722 r. p.n.e. – królestwo północne: Izrael

Izrael był rządzony przez królów z dynastii „domu Omriego". W 870 r. p.n.e. król Achab przeniósł stolicę z miasta Sychem do Samarii.

Najbardziej znani prorocy w tych czasach to Eliasz i Amos. W latach 745-722 p.n.e. Izrael został podbity przez asyryjskie wojska króla Tiglat Pilesara. W rezultacie przegranej wojny miała miejsce pierwsza zbiorowa tragedia w dziejach Żydów: deportacja dziesięciu plemion.

926-586 r. p.n.e. – królestwo południowe: Juda

Judą rządzą królowie z dynastii „domu Dawida" ze stolicą w Jerozolimie.

W 621 r. p.n.e. król Ozjasz przeprowadza generalną reformę kultu świątynnego.

W 592 r. p.n.e. wojska babilońskie zdobywają Jerozolimę i uprowadzają króla Jehojakima, elitę dworską i kapłańską w głąb swego kraju.

W 586 r. p.n.e. król babiloński Nabuchodonozor burzy Świątynię Jerozolimską.

W tych dramatycznych czasach działali wielcy prorocy: Ozeasz, Izajasz, Jeremiasz.

586-536 r. p.n.e. – niewola babilońska

Działalność *soferim*, nauczycieli i przepisywaczy Tory, w okresie niewoli. Powstały pierwsze domy modlitw i nauki, które z czasem przekształciły się w synagogi. W tym czasie ustalono zasady kalendarza, którym posługują się Żydzi do dziś. Największym prorokiem tych czasów był Ezechiel.

536-332 r. p.n.e. – epoka perska

W 536 r. p.n.e. król perski Cyrus ogłosił edykt, na mocy którego Żydzi mogli powrócić z wygnania, ale ich państwo Judea miało być zależne od dworu perskiego. Żydzi otrzymali dużą swobodę w zakresie samorządu i religii. Odbudowali (znacznie skromniejszą) Świątynię Jerozolimską, zwaną Drugą Świątynią. W tym okresie ustalony został kanon Pięcioksięgu (Tora). Zapoczątkowano powszechne czytanie i objaśnianie Tory. Wielkie postaci tego okresu to: kapłan i uczony Ezdrasz oraz organizator państwa Nechemiasz.

Na ten okres przypada historia opisana w *Megilat Ester* – cudownego ocalenia narodu od zagłady. Nie istnieją jednak konkretne dowody świadczące o prawdziwości tego zdarzenia.

332-164 r. p.n.e. – epoka grecka

W 332 r. p.n.e. Jerozolimę zdobył Aleksander Wielki. W latach 320-198 p.n.e. Judea znalazła się pod rządami egipskiej dynastii Ptolemeuszy. Następowała wyraźna hellenizacja, obejmująca górne warstwy społeczeństwa. Powstało ogromne skupisko Żydów w diasporze w Aleksandrii.

W 247 r. p.n.e przetłumaczono Torę na język grecki – tak powstała Septuaginta.

W 198 r. p.n.e. Judea dostała się pod panowanie dynastii syryjskiej Seleucydów. Nastąpiło znaczne ograniczenie swobód.

W 175 r. p.n.e. król Antioch Epifanes zabronił Żydom wyznawania ich wiary i ustanowił kult bogów greckich.

W latach 167-164 p.n.e. trwało powstanie narodowe, znane jako powstanie Machabeuszy. W 164 r. zdobyli oni Jerozolimę i ustanawione zostało święto Chanuki.

164-63 r. p.n.e. – niezawisłe Państwo Judzkie

W 152 r. p.n.e. Szymon Machabeusz dał początek dynastii hasmonejskiej, która rządziła Judeą do 37 r. p.n.e.

63 r. p.n.e.-135 r. n.e. – epoka rzymska

W 63 r. p.n.e. wojska Pompejusza zdobyły Jerozolimę. Judea stała się prowincją Imperium Rzymskiego. Od 37 r. p.n.e. do 4 r. n.e. panował w Judei namiestnik rzymski, król Herod. Odnowił Świątynię Jerozolimską, zbudował miasto Cezareę i twierdzę Masadę.

W latach 6-70 n.e. krajem rządzili prokuratorzy rzymscy z siedzibą w Cezarei. W tym okresie wielką sławę zdobyły szkoły talmudyczne rabich Szammaja i Hillela.

W 66 r. n.e. rozpoczęła się wojna narodowa o niepodległość Judei.

W 70 r. n.e. wojska Tytusa zburzyły Świątynię Jerozolimską.

W tym samym roku Jochanan ben Zakkaj założył Akademię w Jawne, by w obliczu ostatecznej klęski uchronić Żydów przed utratą tożsamości.

W okresie rzymskim działał jeden z najsławniejszych uczonych żydowskich rabi Ben Akiba (50-132 n.e.).

W latach 132-135 n.e. miało miejsce ostatnie powstanie żydowskie pod dowództwem Bar Kochby, zakończone kleską. Cesarz rzymski Hadrian krwawo rozprawił się z powstańcami i żydowską ludnością cywilną. W 135 r. n.e. wydał zakaz wstępu Żydom do Jerozolimy.

Nastał początek Wielkiej Diaspory.

SŁOWNICZEK PODSTAWOWYCH TERMINÓW I ZNACZEŃ

Adonaj (hebr. „mój Pan") – imię Boga, którym tradycyjnie zastępuje się święty tetragram JHWH. Tetragram jest tym imieniem Boga, którego nie wolno wymawiać. Z czasem również termin Adonaj uznano za święty i zaczęto go zastępować innymi: *ha-szem* – „imię", *szaddaj* – „wszechmocny", *ha-kadosz* – „święty".

Afikoman (grec. „deser") – kawałek macy z wieczerzy pesachowej, który zjada się pod koniec sederu. Symbolizuje pesachowe jagnię, które w starożytności zjadano pod koniec posiłku. Ustalił się zwyczaj chowania afikomanu przed dziećmi, by mogły go odnaleźć i w zamian otrzymać słodycze i prezenty. Czasami afikoman służył za amulet.

Amida (hebr. „stanie") – główna modlitwa każdego nabożeństwa, znana też pod nazwą *szmone esre* („osiemnaście błogosławieństw"), powinna być odmawiana na stojąco.

Aron ha-kodesz (hebr. „święta skrzynia") – zwana również Arką Przymierza, w synagodze szafa ołtarzowa, w której przechowuje się zwoje Tory, wbudowana zwykle we wschodnią ścianę, wskazującą symbolicznie kierunek Jerozolimy. Szafę tę otwiera się podczas ważniejszych modlitw.

Aszkenazyjczycy – od słowa Aszkenaz, którym w średniowieczu

Żydzi nazywali Niemcy. Aszkenazyjczykami określa się Żydów Europy środkowej i wschodniej, których łączył wspólny język – jidisz.

Badchan (aram. „żartowniś") – żydowski żartowniś, zabawiający gości na weselu i innych uroczystościach.

Bdika (hebr. „badanie, oględziny") – termin używany w związku z różnego rodzaju kontrolami, np. *bdikat chamec* – szukanie produktów „zakwaszonych" przed świętem Pesach, *bdikat ha-edim* – wypytywanie świadków przed sądem. Termin stosowany jednak głównie w odniesieniu do uboju rytualnego: sprawdzanie noża przed użyciem, czy jest wystarczająco ostry, badanie tchawicy i przełyku zwierzęcia, czy zostały prawidłowo przecięte, oraz badanie organów wewnętrznych, płuc, żołądka i in. w celu stwierdzenia, czy zwierzę nie było chore, co czyniłoby je rytualnie nieczystym, a więc nieprzydatnym do jedzenia.

Bet din (hebr. „dom sądu") – religijny trybunał składający się zwykle z trzech sędziów, których jurysdykcji podlegał nadzór koszerności, rozwody, spory cywilne i prozelici. W starożytności w sprawach zagrożonych karą śmierci orzekały większe, 23- lub 71-osobowe sądy, zwane sanchedrynami.

Besamim (hebr. „wonne korzenie, wonności, przyprawy") – wonne zioła używane w czasie ceremonii *hawdala* na zakończenie Szabatu, nad którymi odmawiano błogosławieństwa.

Bima (hebr. „miejsce wyniesione, podwyższone") – podium w synagodze, przy którym odczytuje się Torę i z którego kantor prowadzi modły.

Beracha (hebr. „błogosławieństwo") – błogosławieństwo odmawiane zarówno w liturgii publicznej, jak i prywatnie.

Cedaka (hebr. „sprawiedliwość") – dobroczynność, jeden z ważniejszych nakazów religii żydowskiej.

Cadyk (hebr. *cadik*, „człowiek sprawiedliwy") – w chasydzmie cadykiem nazywano mistrza, rebego, którego uważano za nosiciela cząstki duszy Mojżesza. Był duchowym przywódcą społeczności, współwyznawcy wierzyli w jego nadprzyrodzoną moc czynienia cudów. Uważano, że cadyk, dzięki swej mistycznej jedności z Bogiem, może pośredniczyć we wszystkich sprawach ludzkich. Z czasem rozwinął się szczególny kult cadyków, a ich funkcje dziedziczyli potomkowie.

Chasydyzm (od hebr. *chasid*, „pobożny") – ruch mistyczno--religijny i społeczny, zapoczątkowany przez Izraela ben Eliezera (1700-1760) z Podola, zwanego Baal Szem Tow. Chasydyzm przeciwstawiał się judaizmowi rabinicznemu, głosił radość życia przez ekstazę religijną, taniec i śpiew. Główny nacisk kładł na osobistą modlitwę, która miała służyć połączeniu się z Bogiem, a przez to wypełnianiu najważniejszego zadania człowieka. Rozwinął swój własny rytuał religijny, założył własne synagogi, lecz nigdy nie oderwał się od judaizmu. Do II wojny światowej centrum chasydyzmu stanowiła Europa wschodnia, obecnie główne jego ośrodki znajdują się w Izraelu i w Stanach Zjednoczonych.

Chazan (hebr. „kantor") – urzędnik synagogalny prowadzący modły. Ponieważ większość modlitw jest śpiewana, chazan musi dysponować dobrym głosem. Znany jest także jako *szeliach cibur*, czyli „wysłannik publiczny", ponieważ może w imieniu wiernych odmawiać modlitwy, które wymagają *minjanu*.

Cheder (hebr. „pokój, sala") – dawna szkoła religijna dla chłopców, mieszcząca się na ogół w domu nauczyciela zwanego rebe albo mełamed; obejmowała trzy grupy wiekowe: od 3 do 5, 6 do 7 i 8 do 13 lat. Przedmiotem nauczania w poszczególnych klasach była Tora i Talmud.

Cherem (hebr. „klątwa") – ekskomunika rzucana przez rabinów w celu utrzymania religijnej i społecznej dyscypliny.

Chewra kadisza (aram. „święte bractwo") – żydowskie towarzystwo pogrzebowe.

Chumasz (od hebr. *chamesz*, „pięć") – Tora, Pięcioksiąg, pierwszych pięć ksiąg biblijnych.

Chupa (hebr. „baldachim") – baldachim ślubny, sala weselna lub sama ceremonia ślubna.

Cicit (hebr. „frędzle") – frędzle przymocowane do czterech rogów spodniej części odzieży (*talit*), noszone przez Żydów płci męskiej zgodnie z nakazem: „...powiedz synom Izraela, niech sobie zrobią frędzle na krajach swoich szat, by pamiętali o Boskich przykazaniach" (Lb 15, 38).

Diaspora (grec. „rozproszenie") – termin używany na określenie wszystkich skupisk żydowskich poza krajem Izraela.

El male rachamim (hebr. „Boże pełen miłosierdzia") – modlitwa za zmarłych, odmawiana podczas pogrzebu, a także w czasie świąt, kiedy wspomina się zmarłych.

Erew (hebr. „wieczór") – termin używany w odniesieniu do początku świąt, które zaczynają się od zachodu słońca i trwają do zachodu słońca dnia następnego. Tak więc wyrażenie *erew szabat* oznacza wieczór piątkowy, początek Szabatu.

Eruw (hebr. „zmieszanie") – sposób na uchylenie w Szabat i inne święta zakazu wykonywania pewnych czynności.

Gabaj (hebr. strażnik") – urzędnik gminy, administrator synagogalny.

Gemara (od hebr. *gamar*, „kończyć") – zbiór komentarzy uzupełniających do Miszny. Jest dziełem uczonych, zwanych amoraitami i wraz z Miszną tworzy Talmud.

Get (hebr. „dokument") – dokument rozwodowy.

Haftara (hebr. „zakończenie") – fragmenty z ksiąg Proroków odczytywane w Szabat, święta i dni postu po czytaniu *sefer Tora*.

Hagada (hebr. „opowieść") – opowieści interpretujące i wyjaśniające tekst biblijny, których celem jest pouczenie moralne. Dotyczy tej części literatury talmudycznej i midraszowej, która posługuje się legendą, bajką, historyczną anegdotą, maksymą.

Halacha (hebr. „droga, ścieżka") – zasady postępowania, przepisy prawne i religijne. W prawie rabinicznym określa wykładnię dla tzw. Prawa Ustnego, czyli przyjętej interpretacji Prawa Pisanego (Tory). W przeciwieństwie do *hagady* odnosi się do ustaleń, które zyskały miano obowiązującej normy.

Hawdala (hebr. „oddzielenie") – uroczyste zakończenie Szabatu.

Hesped (hebr. „pochwała") – mowa wygłaszana zazwyczaj zaraz po pogrzebie.

Hoszana Raba (hebr. „wielka hosanna") – siódmy dzień święta Sukot.

Izkor (hebr. „wspomnij, pamiętaj") – modlitwa za nieżyjących krewnych, odmawiana podczas wspominania umarłych w święta Jom Kipur, Sukot, Pesach i Szawuot.

Jad (hebr. „ręka") – pałeczka w kształcie ręki z wyciągniętym palcem wskazującym, używana podczas publicznego czytania zwojów Tory.

Jamim Noraim (hebr. „straszne dni") – 10 dni rozpoczynających się w Rosz ha–Szana, a kończących w Jom Kipur, przeznaczonych na pokutę i rachunek sumienia.

Jarcajt (jid. „rocznica") – rocznica śmierci bliskiego krewnego, szczególnie któregoś z rodziców, obchodzona zgodnie z datą kalendarza hebrajskiego.

Jesziwa (hebr. „posiedzenie") – wyższa szkoła talmudyczna dla nieżonatych studentów.

Jidisz – język, którym posługiwała się większość Żydów aszkenazyjskich do II wojny światowej. Powstał wśród Żydów w Niemczech we wczesnym średniowieczu. Jego podstawę stanowi język niemiecki z dużą częścią słownictwa aramejsko-hebrajskiego, romańskiego i słowiańskiego. Zapisywany jest alfabetem hebrajskim. Był codziennym językiem szerokich mas żydowskich w Europie środkowo-wschodniej, z własną literaturą i kulturą. W chwili wybuchu II wojny światowej posługiwało się nim około jedenastu milionów Żydów na świecie.

Kabalat Szabat (hebr. „przyjęcie szabatu") – liturgiczna inauguracja Szabatu, odprawiana w piątek przed zachodem słońca.

Kabała (hebr. „spuścizna tradycji") – najczęściej używany termin na określenie tajemnych nauk judaizmu i mistyki żydowskiej. W szerokim sensie oznacza wszystkie kolejne ezoteryczne kierunki w judaizmie, które powstawały od końca okresu Drugiej Świątyni (I w. n.e.) i odegrały żywą rolę w symbolice, obrzędach, obyczajach i historii żydowskiego narodu.

Kadisz (aram. „święty") – aramejska modlitwa odmawiana przez kantora podczas codziennych modłów, po zakończeniu każdej części obrządku, a także przez żałobników po śmierci krewnego oraz w rocznicę zgonu (*jarcajt*). Kadisz wymaga *minjanu*, czyli obecności dziesięciu dorosłych mężczyzn. Kadisz wyraża wiarę w Boga, poddanie się Jego woli i Jego wyrokom.

Kaparot (hebr. „pokuty, odkupienia") – praktykowany niegdyś wśród Żydów ortodoksyjnych zwyczaj zarzynania koguta lub kury przed świętem Jom Kipur w ramach zastępczego odkupienia.

Kaszrut (hebr. „odpowiedniość, zdatność") – żydowskie reguły odżywiania; słowem „koszerny" określa się również przydatność rzeczy, przedmiotów w sensie rytualnym, czyli takich, którymi wolno się posługiwać; termin *kaszrut* stosuje się także w odniesieniu do prawidłowości wykonywania pewnych czynności, rytuałów i ceremonii.

Ketuba (hebr. „dokument") – dokument ślubny, pisany w języku aramejskim, który pan młody wręcza oblubienicy podczas ceremonii ślubnej.

Kidusz (hebr. „uświęcenie") – ceremonia odmawiania modlitw i błogosłwieństw nad pucharem wina z okazji rozpoczęcia Szabatu i innych świąt. W wypadku braku wina zastępują go dwa bochenki chleba.

Kitel (jid.) – biała szata żałobna.

Kohen (hebr. „kapłan") – Żyd wywodzący się z rodu Aarona, pełniący główne funkcje religijne w starożytnym Izraelu, prowadzący ceremonie w Świątyni Jerozolimskiej.

Kol nidre (aram. „wszelkie śluby") – modlitwa unieważniająca wszelkie śluby złożone Bogu nieświadomie, zbyt pochopnie lub pod przymusem, którą śpiewa kantor w przeddzień Jom Kipur. Powstała prawdopodobnie w IX w. Odnosi się tylko do zobowiązań uczynionych przez ludzi wobec Boga. Nie dotyczy ślubowań, przysiąg i zobowiązań wobec innej osoby lub instytucji.

Ladino – dialekt żydowsko-hiszpański, którym posługują się Żydzi sefardyjscy. Powstał wśród Żydów hiszpańskich. Do tej pory językiem tym posługują się Żydzi sefardyjscy mieszkający w krajach śródziemnomorskich, bałkańskich i w Izraelu. Z początku pisany był w alfabecie hebrajskim, w czasach współczesnych także w alfabecie łacińskim.

Lag Ba-Omer – trzydziesty trzeci dzień Omeru, czyli osiemnasty dzień miesiąca ijar (kwiecień-maj), półświęto, dzień między Pesach a Szawuot. Obchodzone jest jako dzień ucznia.

Lecha dodi (hebr. „idź, przyjacielu") – hymn śpiewany na powitanie Szabatu, podczas nabożeństwa Kabalat Szabat.

Lewici – członkowie plemienia Lewiego, którzy opiekowali się Przybytkiem i Świątynią, pomagali kapłanom przy ceremoniach kultu ofiarnego.

Lulaw (hebr. „gałąź palmy") – bukiet czterech gatunków roślin, który służy do ceremonii w święto Sukot.

Maariw (hebr. „sprowadzanie wieczoru") – modły wieczorne znane też pod nazwą *arawit*, jedne z trzech obowiązujących w codziennej liturgii. Składają się na nie: Szma, błogosławieństwa, Amida i Kadisz. Odmawiane są między zmrokiem a północą.

Maca (hebr. „chleb nie kwaszony") – placki pieczone z mąki i wody, bez dodatku drożdży i soli, spożywane w święto Pesach.

Macewa (hebr. „pomnik, stela") – rodzaj nagrobku, pionowo ustawiona płyta kamienna, pokryta inskrypcjami, stawiana na grobach zmarłych.

Maoz cur (hebr. „twierdza ze skały") – hymn śpiewany przy zapalaniu świeczek chanukowych.

Megila (hebr. „zwój") – zwój pergaminu, zawierający tekst jednej z pięciu ksiąg hebrajskich: Pieśni nad pieśniami, Rut, Lamentacji, Koheleta i Estery. Jeśli nie jest powiedziane dokładnie, o którą księgę chodzi, termin *megila* oznacza Księgę Estery.

Melamed (lub mełamed; hebr. „nauczyciel") – nauczyciel w chederze.

Melawe malka (hebr. „towarzysząc królowej") – posiłek spożywany w sobotę wieczorem na pożegnanie odchodzącego Szabatu.

Menora (hebr. „świecznik, kandelabr") – siedmioramienna lampa oliwna używana w Świątyni, a potem w synagogach i domach modlitw.

Mesjasz (hebr. *masziach*, „pomazaniec") – ten, który zostanie zesłany przez Boga na ziemię i który unicestwi wszelkie zło. Gdy przyjdzie, umarli zmartwychwstaną, Świątynia Jerozolimska zostanie odbudowana i nastąpią czasy mesjańskie: *olam ha-ba* (przyszły świat).

Mezuza (hebr. „framuga drzwi, odrzwia") – zwitek pergaminu, zawierający przepisane ręcznie przez *sofera* dwa pierwsze akapity modlitwy Szma, umieszczone w pudełeczku i umocowane z prawej strony drzwi domu. Zwyczaj ten powstał w celu dosłownego wypełnienia nakazu zawartego w Biblii: „wypisz je [tj. słowa Tory] na odrzwiach twojego domu i na twoich bramach" (Pwt 6, 9).

Micwa (hebr. „przykazanie") – pierwotnie określano tak Boskie nakazy z Biblii. W Torze zawartych jest 613 przykazań, 248 nakazów i 365 zakazów. Chłopiec zostaje zobowiązany do ich przestrzegania po ukończeniu 13 lat (*bar micwa*), a dziewczynka 12 lat (*bat micwa*). W szerszym sensie *micwa* oznacza każdy dobry uczynek.

Midrasz (od hebr. *darasz*, „studiować, nauczać") – komentarz do ksiąg biblijnych, ułożony w formie przypowieści.

Mincha (hebr. „ofiara") – modły odmawiane po południu przed zachodem słońca. Składają się z Amidy, psalmów, krótkich modlitw i Kadiszu.

Minjan (lub minian) – zgromadzenie złożone z dziesięciu Żydów płci męskiej, powyżej trzynastego roku życia, niezbędne do odprawiania publicznych modłów w synagodze, czytania *sefer Tora* i niektórych ceremonii religijnych, np. odmówienia Kadiszu, modlitwy za zmarłych.

Miszna (od hebr. „powtarzać, nauczać") – jest to zbiór nauk prawnych judaizmu, przedmiot badań wielu pokoleń uczonych różnych szkół i tradycji. Miszna składa się z sześciu części (*sedarim*):
1. Zeraim (nasiona) – przepisy dotyczące głównie rolnictwa;
2. Moed (święto) – przepisy odnoszące się do szabatów, świąt i postów;
3. Naszim (kobiety) – przepisy dotyczące kobiet, ślubów i rozwodów;
4. Nezikin (szkody) – prawo cywilne i karne;

5. Kodaszim (świętości) – przepisy dotyczące ofiar, kultu świątynnego i obowiązków kapłanów;
6. Toharot (czystości) – zasady czystości i nieczystości rytualnej oraz sposoby oczyszczania się.

Mizrach (hebr. „wschód") – kierunek modłów dla Żydów mieszkających w krajach Zachodu, którzy zwracają się ku Jerozolimie podczas odmawiania Amidy; nazwa ozdobnej tablicy umieszczanej na ścianie wschodniej w domach i synagogach.

Mohel (hebr. „dokonujący obrzezania") – specjalista od rytualnego obrzezania.

Mykwa (hebr. „zbiornik wody") – basen z wodą bieżącą, służący do rytualnych oczyszczeń ludzi i sprzętów. Mykwa tradycyjnie powinna umożliwiać całkowite zanurzenie ciała.

Neila (hebr. „zamknięcie") – modlitwa kończąca liturgię Jom Kipur.

Neszama jetera (hebr. „dodatkowa dusza") – specjalna dusza, która z niebios wstępuje w każdego Żyda na czas Szabatu.

Ner tamid (hebr. „wieczna lampa") – lampa zawieszona przed lub obok *aron ha-kodesz* w synagodze.

Newiim (hebr. „prorocy") – druga część Biblii, składająca się z ośmiu Ksiąg Proroków.

Ohel (hebr. „namiot") – rodzaj grobowca, w formie kamiennego lub drewnianego domku, w którym umieszczano właściwe płyty nagrobne, przeznaczone dla ważnych osobistości.

Omer (hebr. „snop") – pierwszy snop ścięty podczas żniw jęczmienia, składany w ofierze w Świątyni.

Parochet (hebr. „zasłona") – kotara, zazwyczaj bogato zdobiona, zasłaniająca *aron ha-kodesz*, wzorowana na ozdobnej zasłonie oddzielającej Święte Świętych od reszty Świątyni.

Parwe (hebr. „obojętne") – pożywienie, które zgodnie z żydowskimi regułami odżywiania nie należy ani do potraw mięsnych, ani do potraw mlecznych, np. ryby, jajka, warzywa.

Pidjon ha-ben (hebr. „wykupienie syna") – ceremonia wykupienia pierworodnego, która odbywa się po ukończeniu przez dziecko trzydziestu dni.

Przybytek (hebr. *miszkan*) – przenośne, wykonane na pustyni sanktuarium, które towarzyszyło Izraelitom w ich wędrówce po wyjściu z Egiptu. Wewnątrz Przybytku mieściło się Święte Świętych, zawierające Arkę Przymierza i Tablice Dekalogu.

Rabin (hebr. *rabi*, „mój mistrz") – uczony w Piśmie, posiadający pozwolenie (*smicha*) na nauczanie i orzekanie w kwestiach prawa i rytuału żydowskiego; rabi to także tytuł grzecznościowy, odnoszący się do nauczycieli lub innych poważanych członków gminy; w środowisku chasydzkim odpowiednikiem było określenie „rebe" lub „reb".

Responsa (hebr. *szeelot u-teszuwot*, „pytania i odpowiedzi") – zbiory odpowiedzi na konkretne zapytania kierowane do autorytetów rabinicznych, najczęściej dotyczące żydowskiego rytuału i prawa.

Sanchedryn (grec. „zgromadzenie") – najwyższa rada religijna, składająca się z 71 członków z siedzibą w Świątyni Jerozolimskiej.

Sandak (grec.) – opiekun obrzezywanego, osoba, która trzyma dziecko podczas obrzezania.

Sefardyjczycy – termin odnoszący się do Żydów wypędzonych z Hiszpanii (hebr. *sefarad* – Hiszpania) i Portugalii, w późniejszych czasach osiedlających się w Holandii, na południu Europy oraz na Bliskim Wschodzie. W życiu codziennym Sefardyjczycy posługiwali się głównie językiem ladino. Różnią się od Aszkenazyjczyków także nieco odmiennym rytuałem. Ich gminy znajdują sie obecnie m.in. w Izraelu i Ameryce Południowej.

Seder (hebr. „porządek") – rytualny posiłek spożywany w domu podczas pierwszego wieczoru święta Pesach.

Sefer Tora (hebr. „zwój Tory") – zwój z hebrajskim tekstem Pięcioksięgu, nazywany też rodałami Tory.

Sidur (hebr. „uporządkowanie") – modlitewnik zawierający pełny zbiór modlitw codziennych i szabatowych, odmawianych zarówno w synagodze, jak i w domu.

Simchat Tora (hebr. „radość Tory") – ceremonia związana z zakończeniem rocznego cyklu czytania Tory.

Slicha (hebr. „przebaczenie") – rodzaj modlitwy wyrażającej prośbę o odpuszczenie grzechów.

Smicha (hebr. „nakładanie") – pozwolenie na nauczanie i orzekanie w kwestiach prawa żydowskiego wydawane uczniowi przez mistrza.

Sofer (hebr. „pisarz") – przepisywacz Tory, wypisujący też mezuzy, tefiliny, gety i ketuby.

Su(k)ka (hebr. „przybytek") – kuczka, szałas budowany na święto Sukot. Spożywa się w nim posiłki podczas trwania święta.

Szacharit (hebr. „świt") – codzienne modły poranne, odmawiane po nastaniu świtu, odpowiednik ofiary porannej (*tamid*) składanej niegdyś w Świątyni Jerozolimskiej; odmawiając *szacharit* w dni powszednie zakłada się *talit* i *tefilin*. *Szacharit* to najdłuższe z modłów dziennych, składa się z: błogosławieństw, psalmów, Szma, hymnów z Amidą i Kadiszu. W poniedziałki i czwartki w trakcie nabożeństwa czyta się także fragmenty Tory; przed *szacharit* nie wolno nic jeść.

Szalom alejchem (hebr. „pokój wam") – tradycyjne pozdrowienie, zazwyczaj skracane do słowa „szalom". Także początkowe słowa hymnu odmawianego po powrocie z synagogi w piątek wieczorem.

SLOWNICZEK PODSTAWOWYCH TERMINÓW I ZNACZEŃ

Szalosz regalim (hebr. „trzy święta piesze") – trzy święta pielg-
rzymie: Pesach, Szawuot i Sukot.

Szames (od hebr. *szamasz*, „woźny") – posługacz sądowy lub
synagogalny, pełniący funkcje pomocnicze, do którego zadań
należało przede wszystkim utrzymywanie synagogi w czystości,
porządkowanie modlitewników, przygotowanie zwojów Tory,
pomaganie rabinowi i kantorowi w ich obowiązkach.

Szas – termin utworzony z początkowych liter hebrajskiego
wyrażenia „*szisza sidre (Miszna)*" – sześć porządków (Miszny),
stosowany od XVI w. na oznaczenie całego Talmudu, kiedy to
cenzura katolicka zabroniła używania słowa Talmud.

Szechita (hebr. „ubój") – rytualny ubój zwierząt i ptaków, których
mięso dopuszczone jest do spożycia.

Szechina (hebr. „zamieszkanie") – Boża Obecność lub immanencja
Boga. Określenia tego często używa się po prostu jako synonimu Boga.

Szir ha-szirim (hebr. „pieśń nad pieśniami") – księga biblijna,
według tradycji napisana przez króla Salomona w formie cyklu
wierszy miłosnych. Przyjęło się powszechnie uważać ją za alegorię
miłości między Bogiem a ludem Izraela.

Sziwa (hebr. „siedem") – siedmiodniowa żałoba po bliskim
krewnym.

Szma (hebr. „słuchaj") – jedna z najważniejszych modlitw żydowskich. Jej pierwszy werset brzmi: „Słuchaj Izraelu! Pan jest Bogiem
naszym, Pan jest jeden!"

Szofar (hebr. „róg") – starodawny instrument dęty, który w Rosz
ha-Szana budził ludzi z drzemki duchowej i wzywał do pokuty.
Szofar najczęściej wykonany jest z baraniego rogu na pamiątkę
barana złożonego w ofierze zamiast Izaaka.

Sztetl (jid. „małe miasteczko") – mała, prowincjonalna gmina
żydowska w przedwojennej wschodniej Europie.

145

Sztrajmł (jid.) – lisiura, męska czapa, obecnie noszona przez chasydów w Szabat i święta.

Szulchan Aruch (hebr. „nakryty stół") – kodeks żydowskich praw religijnych i cywilnych opracowany przez Józefa Karo (1488-1575), opublikowany w 1565 r. Uzupełniony przez polskiego rabina Mojżesza Isserlesa (Remu, 1525-1572), w dziele pt. *Mapa* (obrus) poprzez włączenie zwyczajów aszkenazyjskich. Stał się kodeksem obowiązującym wszystkich Żydów. Składa się z czterech części:
Orach chajim – prawa dotyczące życia rodzinnego;
Jore dea – zasady tyczące wyżywienia, czystości, żałoby;
Ewen ha-ezer – sprawy małżeństwa, rozwodu;
Choszen miszpat – prawo cywilne i karne.

Talit (hebr. „płaszcz"), tałes (jid.) – prostokątny szal modlitewny z frędzlami (hebr. *cicit*) w czterech rogach, nakładany przez mężczyzn podczas modlitwy. Zwykle biały, wykonany z wełny, bawełny lub jedwabiu. Obyczaj noszenia tałesu pochodzi z nakazu biblijnego: „niech sobie zrobią frędzle na skrajach swoich szat (...) gdy na nie spojrzycie, przypomnicie sobie wszystkie przykazania Pana, aby je wypełnić" (Lb 15, 38-39).

Taszlich (hebr. „wyrzucisz") – zwyczaj związany ze świętem Rosz ha-Szana, tzw. „pozbywanie się grzechów". Powstał w oparciu o fragment z Księgi Micheasza: „Znowu zmiłuje się nad nami, zmyje nasze winy, wrzuci do głębin morskich wszystkie nasze grzechy".

Tefilin (aram. „ozdoby") – filakterie, czyli dwa czarne, skórzane pudełeczka zawierające cztery przepisane przez *sofera* ustępy biblijne (Wj 13, 1-10; 11, 16; Pwt 6, 4-9; 11, 13-21), które rzemieniami przywiązuje się do lewego przedramienia i do górnej części czoła. *Tefilin* noszą dorośli mężczyźni pdczas porannych modlitw (*szacharit*) w dni powszednie.

Tetragram (hebr. *szem ha-meforasz*) – składające się z czterech